U0781596

抖音赚钱玩法
全攻略

赵文锴　著

台海出版社

图书在版编目（CIP）数据

抖音赚钱玩法全攻略 / 赵文锴著. —北京：
台海出版社，2021.4
　ISBN 978-7-5168-2925-7

　Ⅰ. ①抖… Ⅱ. ①赵… Ⅲ. ①网络营销
Ⅳ. ①F713.365.2

　中国版本图书馆CIP数据核字(2021)第048036号

抖音赚钱玩法全攻略

著　　者：赵文锴

出 版 人：蔡　旭　　　　　　　　　封面设计：回归线
责任编辑：俞滟荣

出版发行：台海出版社
地　　址：北京市东城区景山东街20号　　　邮政编码：100009
电　　话：010—64041652（发行，邮购）
传　　真：010—84045799（总编室）
网　　址：www.taimeng.org.cn/thcbs/default.htm
E-mail：thcbs@126.com

经　　销：全国各地新华书店
印　　刷：三河市华晨印务有限公司
本书如有破损、缺页、装订错误，请与本社联系调换

开　　本：710毫米×1000毫米　　　　　1/16
字　　数：232千字　　　　　　　　　　印　张：14.75
版　　次：2021年4月第1版　　　　　　印　次：2021年6月第1次印刷
书　　号：ISBN 978-7-5168-2925-7
定　　价：59.00 元

抖音，一个不容错过的时代风口

短视频门槛低，需求旺盛，创作甚至创业都大有可为，短视频将是内容创业的下一个风口。

——字节跳动创始人、"抖音之父" 张一鸣

随着短视频娱乐和移动网络的飞速发展，抖音正逐渐融入全民的生活之中，成为 5G 时代的潮流和新风口。如果你现在还没有接触过短视频和抖音，相信肯定会被身边的朋友说"OUT"。

抖音强势崛起，逐步与微博、微信并驾齐驱，一些业内人士已经将"两微一抖"称为新媒体时代的"三驾马车"。抖音自身携带的巨大流量，令无数互联网从业者趋之若鹜，在奔跑争抢中追名逐利，幻想有一天自己能够成为网红，创立属于自己的品牌，建立起一个铜墙铁壁的商业帝国；使许多富有激情与梦想的新媒体创业者和热爱短视频行业的创作者纷纷涌入到抖音这个奇幻有趣的世界当中，并依靠着自己天马行空般的想象力和持续不断的创作能力脱颖而出，在狂揽粉丝的同时，攫取到属于自己应得的红利，以自身的经历书写出一个又一个令人

羡慕的"暴富神话"。而在这些先驱者的影响下，越来越多的普通人也开始推开抖音的大门，寄望于自己能够成为下一个万人瞩目的"Superstar（超级巨星）"，实现物质和精神层面的双丰收。

然而纵使梦想再丰满，我们也得承认，多数对抖音平台抱有幻想的玩家，他们的真实经历却非常骨感。于是乎，我们看到有些人虽然抱着创作的念头也在抖音上开了账号，但由于之前他们没有接触过短视频领域，对于短视频的前期策划和主流玩法以及制作流程等相关知识在脑海里并没有一个清晰的概念，因而创作出来的作品从各个方面来看都很稚嫩，在与其他较为成熟的作品争夺流量池资源的时候难免处于下风，结果成了其他优秀创作型玩家"C位出道"的配角，既浪费了时间，也消磨了创作灵感与热情。

想做好抖音，最重要的是会"玩"，只有先学会"玩转"抖音的技巧，我们才能实现"玩赚"抖音的目的，像许多百万级的抖音"KOL（关键意见领袖）"那样，轻松拍几个小片子，就能把巨额的广告费收入囊中。

那么如何从一个个默默无闻的素人成长为具有影响力的KOL，则需要每个抖音玩家，尤其是新入门的创作者进行深入思考并积极学习。

与目前图书市场上那些没有新意，只会从资料库里生搬硬套、照葫芦画瓢，成稿后车轱辘话一大堆，令读者看完大为失望的粗制滥造的图书作品不同，本书在撰写前积累了大量写作素材和抖音玩法，并采访了多位活跃在抖音上的知名KOL，与他们进行过深入的探讨；在保证抖音新手能够轻松阅读的前提下，循序渐进，针对不同情境，给出相应的进阶玩法的介绍和创作方向的引导。

除此之外，本书也注重趣味性和实用性，因此请各位读者朋友放心，在本书中你不会看到任何带有说教成分的内容。通过深入阅读你会发现，在读书的过程中好似与一群同样热爱抖音的朋友在进行着一场有趣而不单调的"头脑风暴"，在研习理论知识的同时激发自己内心深处的创作灵感，让自己能够完全参与到拍摄抖音短视频的策划及制定个人方向的工作之中。我们知道，很大一部分抖音入门玩家的痛点，在于前期起步艰难，各个方面的工作汇聚到一起不知从何入手。因此，为解决新手玩家的困惑，本书从海量资料中特别挑选并精简出八个部分的内容,分别为:"抖音 App 简介""玩法定位""内容方向""引流方法""文案创作""配乐选择""拍摄技巧""直播运营",专为抖音新入门的玩家解决玩转抖音时最常见的问题。

另外,本书作者还有幸邀请到八名抖音里赫赫有名的百万级 KOL 进行了一对一的访谈,他们都是目前抖音的头部力量,拥有丰富的自媒体运营实战经验,他们娓娓道来的自身经历中蕴含着其成功的关键因素,这些经历也为读者朋友们提供了详细的创作思路和解锁了多种不一样的抖音玩法,全程干货满满,是各位读者朋友在抖音入门道路上准确又好用的"GPS"。

最后,本书主创作者及编委会成员由衷地向那些热爱抖音、热爱短视频创作的读者朋友们送出真挚的祝福,愿你们在短视频的风口浪潮中突破自我,抓住未来!

P 序 二
REFACE

逐梦芳华，未来可期

2020 年端午节，小果结束了一天的加班，回到家急匆匆地吃了一口饭后便熟练地将手机用支架固定好，开始在抖音进行直播。这是小果在抖音直播的第二个月，直播间里经常只有十多个观众，尽管看她直播的人不是很多，却依旧无法抵挡小果对于直播的热情。面对惨淡的直播间人气，小果曾在直播中说："罗马不是一天建成的，每个大主播都是从小主播成长起来的。"

相比于抖音上那些全职的短视频创作者、网络主播，小果坦言自己并没有很大的压力，最多就是直播时没人看，自己对着空气讲话，并不牵扯其他利益。小果有一份稳定的正式工作，做直播只是为了探索职业道路上的另一种可能。尤其是在新冠肺炎疫情的特殊时期，每天都有很多公司倒闭，这让小果更加迫切地想要在其他领域提升自己。"一切都是为了梦想、发展以及更好的未来"，这是小果向朋友宣布自己将要做抖音直播时所说的话，对于未来，她表示"已经准备好了"。

在抖音，与小果有着类似想法的玩家还有很多，他们利用业余时间创作短视频、做直播带货，希望能在抖音的大风口下有机会分上一杯羹。

端午节当天，几乎是在小果关闭直播间的同时，居住在顺义的轩宝爸爸也在抖音结束了自己的直播。与小果相比，轩宝爸爸在抖音上的事业已然走上了正轨。受新冠肺炎疫情影响，轩宝爸爸春节后一直在家通过远程办公进行工作，通勤时间的减少，让轩宝爸爸拥有了更多的业余时间。于是，如何利用这些"多余"时间便成了轩宝爸爸的"难题"。

轩宝爸爸喜欢户外摄影，可由于疫情的关系，除了偶尔出门买菜，轩宝爸爸几乎整天待在家里"自我隔离"，这等于废去了他的"上乘武功"。不过，轩宝爸爸并没有被现实所限，"有问题就去解决"一直是轩宝爸爸的人生理念，他拿着单反相机在家里来回踱步，找寻可拍摄的素材，经过一番尝试后，最终，他将目光投向了厨房角落里的一袋大辣椒，一时间，一个新奇的点子在脑海中乍现。随即，轩宝爸爸找来一张白纸，拥有美术基础的他寥寥数笔便勾勒出一个拿着刀剑的小人，他用笔将小人涂黑，并用剪刀沿着线条将小人裁剪下来，随后，他取来一个大辣椒洗净，用刀子切开，然后将画好的小人放置于大辣椒之中，调整好拍摄角度按下相机快门，一幅"辣椒剑客"的作品就此诞生。轩宝爸爸将这个过程用手机拍摄下来，简单剪辑后上传到抖音，令他吃惊的是，这个视频竟然收获了超过 50 万点赞。这给了轩宝爸爸极大的创作信心，在这之后轩宝爸爸便在业余时间里通过纸笔、食材等日常生活中常见的物品在抖音拍起了短视频。截至 2020 年端午节，轩宝爸爸在抖音上已经收获了 245 万粉丝，而距离他上传第一个小纸人作品的视频，仅仅过了四个半月……

端午节深夜，就在许多抖音主播下播准备洗漱就寝之时，身在法国自驾游的峰哥却正在直播间里和观众们讨论着自己一会儿晚餐吃什么，夕阳的余晖透过车窗，映射在峰哥的脸上，让他看起来有些不真实。峰哥在抖音上的 ID 是"峰哥亡命天涯"，近两年来在抖音发布了近 300 条短视频作品，内容绝大多数都是旅行见闻和对当地生活的感悟。"干净又卫生""好吃又实惠"一直是峰哥的口头禅，无论到国外哪个地方，只要遇到了路边摊，峰哥都要去"体验一波"，在他的短视频作品里，有很多关于国外美食的介绍和剖析，从他的视频作品中，粉丝了解到 Lassi 酸奶、pani puri、prov、生鲱鱼罐头……尽管在试吃这些食物时，峰哥一直将"好吃又实惠"挂在嘴边，但至于这些食物真实味道如何，粉丝们还是能从短视频里峰哥渐渐失控的表情猜测一二。

"客观""朴实""三观正"是粉丝们对峰哥最多的评价。无论是短视频还是直播出镜，峰哥都没什么架子，与其说他是个网红，倒不如说他是个值得深交的朋友。正因如此，使峰哥在不到两年的时间，就在抖音积累了百万粉丝。除此之外，他在微博上也收获了30余万的粉丝关注。另外，在B站（bilibili）峰哥也小有名气，可谓是"全网开花"。在峰哥的抖音直播间里，粉丝们一边听着峰哥对于法国的讲解，一边利用互动弹幕提醒峰哥"疫情期间，注意安全"，对于粉丝的关心，峰哥笑着抱拳致谢。

抖音成就了很多网络红人，同时也使更多素人前赴后继地涌向抖音，在短视频的大风口前摩拳擦掌，跃跃欲试，他们渴望着15秒成名所带来的灯光与关注度，迫切希望自己有一天也能够完成由素人到网红的蜕变。但遗憾的是，并不是每个人都能抓住机会，迅速蹿红。究其缘由，是多数人不了解抖音机制，也从未对短视频行业进行过仔细的研究。抖音短视频虽然只有短短的15秒，但它的制作流程并不简单。如何让自己的作品抓住他人的眼球？如何吸引用户关注？如何增加现有粉丝黏性……这些都是创作者需要投入精力学习领悟的。

本书以深入浅出的方式呈现抖音短视频精细化运作的每一个细节，手把手教导零基础用户打造出爆款短视频。本书既适合抖音新玩家、抖音创业者、KOL达人阅读，也适合希望借助抖音平台实现商业变现的企业、品牌或商家阅读，还可用作高等院校市场营销、新闻传播等专业的学生培训教材。愿每名读者都能在阅读过程中有所收获，同时，也对那些在抖音道路上勇敢追梦的年轻人予以最真挚的祝福。

祝愿你们逐梦芳华，未来可期！

目录
CONTENTS

第 8 章　直播未来：如何开启正确的直播方式　/ 189

附录
抖音短视频发展简史　/ 216

第 1 章

抖音红利：

错过了"双微"盈利，
就别再错过抖音赚钱

抖音是一个现象级短视频平台，它从出现到坐稳短视频行业头把交椅，仅仅用了不到三年的时间。作为今日头条旗下产品，抖音绝对是一个涨粉带货的好渠道。本章我们将从时间维度、社交属性等层面来为读者朋友剖析有关抖音发展、前景以及红利的方方面面。

抖音：新网红时代下的流量马车

2020 年 2 月 12 日，大年初一，由徐峥自导自演的贺岁片《囧妈》免费上线抖在音火山版、今日头条、西瓜视频，于新冠肺炎疫情的阴霾笼罩下为观众带来一场轻松欢快的视觉盛宴。而字节跳动这种自掏腰包购买电影版权让观众免费看的行为也着实令它火了一把，包括抖音在内的各种旗下 App 下载量大增。

豪掷 6.3 亿元人民币做营销，这并不是抖音营销活动中最大的手笔，事实上从 2017 年下半年开始，各种"无缝衔接"的热点事件（详情见附录）便将抖音推向更多用户的面前，让抖音迅速被更多的人所关注，迅速火爆起来，一直到今天火得一发不可收，也让短视频行业一时成为最近几年的"爆款"新风口。不得不说，这是一种现象级的火，甚至超越了此前短视频行业一枝独秀的快手，火到与微博、微信并称为流量洼地的"三驾马车"。

在抖音走红的同时，其平台也带火了早期入驻的一批抖音玩家，从最初的摩登兄弟、小橙子、Boogie93、吴佳煜，再到后来的祝晓晗、李雪琴、鱼大仙儿，无数网络红人从抖音平台脱颖而出，走进了大众的视线。

抖音的这种"造星"行为一时间吸引大量素人玩家蜂拥而至，这些用户抱着"一夜成名"的期待与幻想入场。用户的快速增长为抖音流量池的建设做出了巨大贡献，规模越来越大的流量池也对那些新加入的优质视频创作者给予了流量反馈，增强了这些优质作者的信心。就这样，用户数量与平台规模在共同壮大中达成了一种良性循环。

目前，抖音俨然已经成为年轻网红们的最大聚集地。根据艾瑞网的数据显示，抖音平台从产品上线到月活跃用户上亿，仅仅用了两年时间，而抖音最大的竞争对手快手达到这一成就却足足花了五年的时间。抖音用户不断增加，其画像更加丰富，用户边界也不断扩容。作为能与微博、微信掰掰手腕的新兴流量平台，单从粉丝的购买力和付费用户的转化角度来看，抖音的用户质量无疑是最高的。同时，这架搭载着巨大流量的华丽马车对于商家来说也是最适合投放广告的。

将抖音的种种优势集合在一起，可以清晰地预测出抖音绝对是未来三年短视频行业最赚钱的平台，平台所承载的巨大流量，不仅能让普通玩家一夜爆红，也能让更多的用户参与到"无货源卖货"的行列之中。同时，随着抖音的发展，爆款视频中出现的"抖音同款"也越来越多地出现在用户的眼前，如今的抖音其"种草"属性展露无遗，变现潜力更是日益增加。

2019年，抖音短视频平台依靠自己的优势吃尽了流量红利，在"6·18""双11""双12"等重大电商节日里表现出了超强的"带货"能力，这让很多乐于学习的普通玩家以及精明的"抖商"在这一年通过各种活动赚得盆满钵满，快速完成了原始资本积累，当上总经理、出任CEO、走上人生巅峰，羡煞旁人。

在抖音的红利风口面前，有人欢喜有人愁。欢喜的自不必说，而那些没有赶上时机的人不禁犹豫起来，现在的抖音平台还能赚钱吗？对于这个问题，绝大多数的抖商给出的回答都是肯定的。

这些人的信心在哪儿？不妨先让我们回顾一下多年前微信公众号的发展走势，微信公众号从2012年产品上线，到完善规则、写手入驻、粉丝暴涨、阅读量稳定，再来后来的阅读量下滑、红利消失等几个时期，其产品的红利走势可以用一个"倒U型"来代表。而当前红得发紫的抖音，它的红利期其实还处于这个"倒U型"的上升期，作为玩家，如果想要汲取更多红利，就必须抓紧时机。否则，等更多的个人和商家入驻抖音平台后，就会同之前的微信公众号一样，平台卖家趋于饱和，蓝海转化为红海，获得的红利将会越来越少。

以目前短视频行业整体的环境来看，抖音依然是个人玩家、职业抖商的最好选择，这与平台流量池的算法有很大关系。一些人可能并不清楚抖音的流量"算法"，其实抖音的流量分配一直都是向着"去中心化"的方向发展的。所谓"去中心化"是指，在抖音平台上，无论你有没有粉丝，你发布出去的作品都会通过平台小范围推送到附近的一些其他用户的手机上，可以被更多的人所看到，而非像其他绝大多数的自媒体平台那样，假如你是个新人，你所发布的作品就无人问津。

正是抖音对于流量分配算法的管理，才会一直吸引大批新用户。因为抖音的这种流量算法让每一个有能力产出优质内容的玩家都可以获得充分曝光的机会，同时，也让这些新玩家得到了跟抖音红人公平竞争的机会。这对于打算兼职从事短视频创作的玩家来说，无疑是一项免费的福利。因此，无论是个人玩家还是商家用户，想要进入短视频领域，都可以趁着抖音目前良好的发展期，快速掌握抖音的运营技巧和落地指南，及时入驻抖音平台，收获属于自己的流量福利。

抖音运营一点通

种一棵树最好的时间是十年前，其次是现在，如果你也想通过短视频运营赚取红利，就抓紧目前抖音平台开放公域流量的时机吧。

只有 15 秒的抖音短视频为何能"抖起来"

互联网还未全球普及之时，美国艺术家、作家安迪·沃霍尔就在自己的作品中写道："在未来社会，15 分钟内，每一个人都能获得成功。"这个论断被后人称为"15 分钟定律"，安迪·沃霍尔于 1987 年过世，至于他是否亲身领教过网络的厉害，至今都是一个未解的谜团。可无论如何，他留下的这个有关成名的"15 分钟定律"倒是真的在后来的网络时代里经常上演。

而短视频行业的兴起以及抖音平台的出现，却真切地在告诉人们："出名还需要 15 分钟？太久了，在抖音，只要 15 秒就够了！"

与所有短视频 App 相似，抖音最初上线应用商店与用户见面时，其 App 功能还很稀少，只能进行简单的视频拍摄和配乐，就连最基础的视频剪辑功能都没有开通。当时抖音参考了其他短视频 App 以及微信朋友圈小视频的设定，只能拍摄和发布时长最多为 15 秒的视频作品。对于作品的时长限定，并不是抖音团队的盲目跟风，而是对市场以及用户进行过充分的调研后设定的。

以往，人们观看一部时长为一个半小时的电影，可能过 5 分钟或者 10 分钟才会出现一个情绪点。然而短视频行业的从业者很快就发现，他们其实可以通过压缩视频时长，通过更短的时间制造更多爽点来吸引用户的注意力。于是，短视频平台出现，15 秒就可以为用户创造一个情绪点。尽管 15 秒的时长设定在早期收到过大量用户的抱怨，可当用户一旦适应了 15 秒出现一次的情绪点，就再难回到之前 5 分钟甚至是 10 分钟才出现一个情绪点的时代了。这种用户习惯的改变使更多的玩家开始专注于如何利用 15 秒的时间玩出更多更新的"姿势"，让内容一下就抓住观者的注意力。

15 秒吸引一个人的注意力，是短视频行业在如今快节奏生活下研究得出的黄金思维，这种极为苛刻的时间限制在很大程度上增加了玩家创作的难度和挑战性，但同时也激起了众多优秀短视频创造者对于拍摄好作品的决心。相较于十几年前流行的微电影，短视频的创作更为容易且灵活，有时候在路上发现一件有意思的事情，遇到一些突发事件，拿出手机随时就可以轻松记录下来，再经过简单的后期制作就可以上传，这样的碎片化场景的视频段子，也更为还原人们真实的生活状态。

不仅如此，从内容消费者的角度来看，15 秒短视频也更加适应移动化、碎片化的使用场景的大环境。一般来说，在等车、取餐、睡前等这些碎片化的时间段看上一小会儿短小的视频，大多人都不会产生视觉疲劳，一个视频短则七八秒，多则十几秒，几乎是一眨眼的工夫就看完了，而观看者可以根据自己的情况，选择是否滑动屏幕，快速进入到下一个视频中去。在快节奏阅读的时代，这种形式是普遍让人接受并且受到欢迎的。而优秀的小视频也能够在限定的短时间内突出特点、抖出包袱、让人耳目一新，带给人们有趣的感觉，让用户在轻松的氛围中打发无聊的碎片时光。久而久之，抖音小视频简短而精美的特点就印在了用户的脑海里。

作为自媒体的一种形式，15 秒内容的短视频成了互联网的风口，在使用抖音App 的用户中有人依靠它赚钱，有人则用它作为消遣，但不论如何，抖音以及其他短视频平台的出现与快速发展，迎合了现代人的生活口味，在很大程度上也促进了一些人生活方式、娱乐方式的改变，让快节奏的生活更加丰富多彩。

♪抖音运营一点通

短、快、新，已经成了绝大多数人观看短视频的心理需求，如何利用好15 秒钟将视频内容的大致情节展现得波澜起伏、让画面具有流动感，是每个抖音玩家都应积极学习、思考的问题。

抖音最流行玩法解析

现如今，无论是衣着光鲜的白领精英，还是默默无闻的寻常普工，这些人的手机上都安装了抖音 App，就连"高大上"的央视新闻栏目组也于 2018 年 3 月入驻了抖音，目前粉丝数量接近 9500 万。抖音正逐渐渗透进人们日常生活的方方面面。甚至于，住在你隔壁的上了岁数的大爷大妈可能都是抖音的忠实用户，说不定，老两口的粉丝数量比你都多。

图1-1　"央视新闻"抖音主页面

　　如果说，移动网络和智能手机的普及从很大程度上改变了人们的生活方式，那么抖音的火爆则极大丰富了人们的娱乐生活。有句话说得好，有人的地方就有江湖，新媒体时代，有人的地方有没有江湖不知道，但有人的地方肯定充斥着流量红利。

　　这些蕴藏于流量中的巨额红利正是那些微商、网赚、自媒体、电商、个人玩家入驻的主要原因，这些人自以为只要搭上抖音这辆流量马车，未来就不愁没钱赚了。这种想法本身没问题，可奈何过了一段时间，一些花费时间精力运营抖音号的人却发现自己账号的粉丝增长无比缓慢，其发展似乎陷入了僵局。想放弃，却放不下已经消耗的沉没成本。可继续投入精力运营，却又看不到一丝希望。

　　这种进退两难的情况并不少见，很多想要在抖音平台上大展拳脚的玩家入局时仅仅凭借一腔热血便注册了账号，开始花费时间录制自己的第一个短视频。可心中对自己想要做什么领域的内容却没有一个清晰的想法，这种无计划的投入所带来的回报几乎是微不足道的。在抖音平台，无心插柳柳成荫的玩家毕竟是少数。实际上，绝大多数你能叫得出名字的抖音红人在进入这个平台之前都是"蓄谋已久"。只有在创作之前算无遗策，才能在实际行动中攫取最大的利益。

　　或许有的用户会说："经验不都是摸索出来的吗？之前也没玩过短视频啊，哪来的运营经验？"其实，自身没有经验，我们可从已经小有名气的抖友身上学习，目前抖音比较热门的十个领域分别是：电竞游戏类；颜值类；音乐舞蹈类；生活技能类；美食类；搞笑剧情类；心灵鸡汤类；影视解说类；生活日志类；知识传播类。根据自己的兴趣和条件，选择适合自己的发展方向的领域后，就去找这个领域中做得好的抖音号，在观看他人的作品时，除了视频内容，还应观察对方运用的文案。对于那些点赞量过万的视频要虚心学习并分析视频为什么会火，换作自己翻拍，是否能达到类似的效果？这种对于抖音红人的透彻分析就是一个帮助你积累经验的过程。

在抖音，如果一首 BGM 或者一个段子火了，立马就会有无数人进行跟风翻拍，这种翻拍从本质意义上说并不属于照搬抄袭。如果仔细观察，我们可以看到一个有趣的现象：很多被抖友翻拍的作品甚至要比原作还要有趣，这就是抖音的魅力所在。同一个段子被不同的玩家创作出来，会有不同的效果。无数人翻拍同一个段子，为什么有的能火，有的则无人问津，这些都是需要玩家们自己琢磨分析的。

对于想要入驻抖音平台的新玩家而言，一定要养成分析同行的习惯，研究同行的内容和文案，研究同行的引流方法与变现模式，随时利用大数据平台监控同行的数据等等。古语有云："知己知彼，百战不殆。"不论是什么时期，闭门造车永远都会被淘汰，尤其是做互联网项目。在互联网行业中有一句名言："你可以不做第一个吃螃蟹的人，但一定要做第二个。"这句话听起来似乎有些被动消极，却充满很现实的行业智慧。以抖音为例，很多内容并不是谁最先做了，谁就一定能博取粉丝的关注。

例如 2019 年年末风靡抖音的"孤单探戈"，这个视频最早由抖音 ID 为"二当家的"的作者所发。在一个四周泛着橘色灯光的雪夜，该作者利用一首韩语歌曲《내가웃는게아니야（我不是在笑）》作为背景音乐，上演了一段浪漫的探戈。这段视频在短短不到两个月的时间里就收获了两百万的点赞，并带火了这一玩法，引得很多小哥哥小姐姐竞相模仿。在所有模仿者中，抖音 ID 为"李嘉熙"的用户在翻拍时加入了一些新元素，她利用自身擅长芭蕾舞的优势，翻拍时跳这段探戈

舞蹈时全程踮起脚尖，令这段舞蹈在不失美感的情况下，又提高了难度。她的这个改编非常成功，也让她的这段翻拍作品收到了比原作者更高的点赞量。

抖音的玩法有很多，并不止于翻拍一条道路。在众多玩法当中，有些操作起来十分简单。例如以PPT加热门音乐构成的情感语录或者书单，这类视频创作简单，往往只需要一张或多张图片配上一小段文案即可。对于新玩家来说容易上手，最早做的一批玩家，一人操作几个号，赚得盆满钵满。不过目前这种形式的竞争也非常激烈，想要制作这类作品，需要有足够的新意才能收获点赞和关注。

除此之外，一些不需要真人出镜的玩法还包括手工制作、运镜技巧、风景分享、宠物日常、搬运解说等方式，这些玩法通常只需要配合语音解说和字幕即可。对于一些不想以真面目出镜的玩家来说，制作这些类别的视频再适合不过。

如果是天生对表演有强大欲望，而且面对镜头时不怯场，那么可以涉足的领域和玩法将更多，即便没有团队的支持，仅靠自己单打独斗，只要选对了领域，也能收获众多粉丝。在抖音，素人成为网红的案例很多，真人出镜虽然操作难度大，但如果坚持拍摄，这类视频的收益期限是很长的，并且回报巨大。

短视频领域的玩法众多，在抖音，你几乎可以看到所有你能想到的内容，同样，在严守作品底线的同时，你也可以发布任何你想发布的作品。对于个人玩家来说，如果你拥有一份朝九晚五的正式工作，想要利用每天的业余时间在短视频领域发展出副业，那么在进入抖音做这个长期项目前，建议你务必做好一切"软硬件"的准备，让自己少走弯路。

抖音运营一点通

相信很多想要成为创作者的玩家最初进入抖音时都曾感到过迷茫，不知该坚持做什么领域的作品，或者制作几个作品反响平平后，就立即失去了创作的信心。在抖音，一夜爆红的玩家固然存在，但更多的红人则是通过坚持不懈慢慢了解领域玩法后，创作优秀的作品来提高自己的知名度。对于创作者而言，最忌讳的便是浅尝辄止。

了解抖音的社交属性，抓住短视频社交未来

2019年8月2日，抖音开通群聊功能，新建群聊可同步至多闪（字节跳动旗下另一款小视频App）。而在此前不久，快手孵化的新社交产品"喜翻视频"也正式上线。短视频行业中两只领头羊的动向，直接将短视频社交的功能再度推向风口。两大短视频App的行动，似乎预示着短视频社交的春天已经来临。

在短视频中增加群聊功能，是抖音、快手对社交功能的探索。如何让玩家与粉丝发生交互？就目前而言，群聊是抖音想出的唯一解决方案。

图1-2 抖音"发起聊天"功能位置

利用抖音邀请好友进行群聊的方式也很特别，你想创建的群聊只能是抖音里互相关注的人，其他没互相关注的成员只能通过"口令"的方式，一键分享到QQ或者微信中去，然后邀请对方进入群聊。对于用户来说，建立群聊的流程似乎有些烦琐，尤其是对之前完全没有接触过"口令"的用户来说，偶然间从QQ或者微信上接收到一长串英文与数字混合的"口令"，恐怕第一时间会被当成骚扰信息来看待。

从抖音发展群聊的轨迹来看，短视频社交初步取得了一定的效果。尽管对多数用户而言，群聊依旧是可有可无的功能。这与用户固有的认知有关，比如很多人购物会选择天猫、京东；聊天使用微信、QQ；订外卖会用美团、饿了么；听音乐则打开 QQ 音乐、网易云音乐。同样，对于大多数人而言，抖音和快手这类短视频 App 也仅仅只是用来刷视频的。用户脑海中的想法早已根深蒂固，他们只能接受自己使用的产品在大方向保持不变的情况下进行的产品优化和微调，而接受程度也仅限于提高使用感受而已。

对于大众用户来说，一旦使用很久的产品在定位和属性上做出巨大调整，从而影响了用户原有的体验，这只会引得他们产生反感。即便新的功能也同样非常优秀，但他们就是会选择视而不见，这给抖音想要彻底将群聊这种社交功能推广下去增添了不小的难度。不过，群聊这项功能在抖音出现，对用户与粉丝之间进行交互还是有一定作用的。很多有影响力的 KOL 早在群聊出现的第一时间就建立了自己的社群，通过社群，KOL 不仅能将视频一键分享到群里，与粉丝进行零距离的沟通互动，拉近双方关系，增加粉丝黏性，同时也可以从粉丝的反馈和建议中吸取到不少经验，创作出更受粉丝喜爱的作品。通过群聊，让用户之间以陌生关系为出发点，搭建社交关系网络，是抖音别出心裁的想法。另外，抖音也可以通过用户分享群链接轻易达到"裂变"，让更多的人认识抖音。

抖音花心思打造社交领域，是因为它看清了未来短视频行业的发展趋势，对抖音而言，目前正在尝试的社交功能并不是培养用户在平台的社交习惯，而是聚合和强化私域流量，让用户在平台上更为便捷地找到兴趣相投、志同道合的小伙伴。这种强化私域流量的做法，不但能让个人玩家提高粉丝对 TA 的忠诚度和活跃度，也能吸引大量看重私域流量的企业或机构入驻抖音，为商家增添一个宣传推广渠道。

可以说，添加群聊功能，是抖音对于短视频社交的一次重大布局。对内，抖音已强化了私域流量和平台社交；对外，抖音也在持续布局社交产品，至今已收购、孵化了多款社交产品，包括"多闪""飞聊""抖音火山版"等。通过主 App 丰富优化社交功能，外部打造社交 App，抖音正逐步打通自身社交领域的闭环。可以预见，未来的短视频平台，必然会融合进社交属性，因为一切热闹的狂欢背后都体现了用户的无聊与孤独。想要打破这种情绪，唯有依靠与其他人的交流。在推出群聊功能之前，抖音则通过视频右侧的评论区来完成作者与粉丝的交流互动。

接触抖音时间较长的用户都清楚评论区的存在，即便自己从未在任何作品下评论，但基本上也都看过其他人的评论。抖音上的内容五花八门，就算是一个网络达人，也不可能知道所有时下流行的"梗"或"段子"。这也就导致了某些作品拍出来，只有一部分了解段子内涵的人才能看懂。对于那些不清楚段子含义的用户来说，也不要紧，因为他们总能在评论区找到相关的解释。

抖音的评论区是抖音的一个特色，很多时候，可能一个视频看着很普通，但当浏览用户点开评论区一看，就很有可能会被里面的热评戳到笑点。长此以往，抖音的评论区就逐渐形成了一种独特的社区氛围，让人一下子可以联想到 B 站的弹幕、网易新闻的跟帖以及 QQ 音乐的热评。从评论区五花八门的玩法可以看出来，抖音确实形成了属于自己的社区氛围。

总之，群聊的出现算是为抖音发展社交领域开了个好头，从视频内容到内容社交，抖音平台还有很长的路要走。

抖音运营一点通

2019 年，抖音隆重推出了群聊功能；与此同时，微信则上线"视频动态"功能，用户可录制并发布短视频……一边是短视频巨头试水做社交，一边是社交巨头跨界短视频。可以预见，短视频与社交的融合发展将极有可能成为未来新一轮的风口。聪明的玩家早已依靠敏锐的嗅觉开始建立自己的专属后援团，而那些反应缓慢的玩家很可能因为跟不上短视频行业的发展，在今后无所作为。

错过了抖音，等同于错过一个时代

从千禧年至今的 20 年，各个行业出现过很多的风口和机遇，例如 2003 年的淘宝、2006 年的炒房、2010 年的互联网、2014 年的自媒体等等。有些人抓住了其中的一个风口扶摇而上，成为百万、千万甚至亿万富翁，但更多的人却呆呆地目睹着一个又一个的风口从眼前飞快流逝，直到蓝海变成红海，红海变成死海时，依旧站在原地伫立观望，最终成为永远的失败者。时代在不断变化，谁跟不上这种变化，谁就会被无情淘汰。

在众多领域风口中，投身互联网所花费的成本与风险相对较低，只要你不是盯上了虚拟"空气币"，被人割了韭菜，就不会败得很惨。更多时候，你所投入的仅仅只是一些时间以及一点点启动成本，例如淘宝、微商、自媒体、直播秀场……如果以上这些你全部错过了，没关系，现在的你还来得及赶上短视频时代，赶上抖音。

互联网上一直流传着一句话："人生不是赢在起点，而是赢在拐点。"每个人的人生都是靠着一个又一个艰难的选择构造而成，即使有些选择是别人帮你做的，可后面的道路不论一马平川还是崎岖坎坷，都需要你独自面对。在人生的这场激烈比赛中，既然开局已经失利，就不要继续后悔和懊恼，这些消极的情绪并不能帮你扳平比分，你需要做的，是调整心态，在比赛下半场开场后抓住时机，一鼓作气，赶超对方。短视频行业的兴起，给了所有人一次公平竞争的机会，也让很多生意玩出新花样。

抖音出现至今，在短短几年内迅速崛起，进而衍生出抖音电商、抖音小程序、抖音广告、抖音视频资讯等一系列内容和产品，如果抖音团队的野心足够大，未来出现抖音游戏、抖音金融、抖音支付也不是没有可能。而如果抖音玩家的野心足够大，依靠抖音平台，未来创立品牌、当上总经理、走上人生巅峰的概率也是极大的。在抖音平台打造的这条"平台 + 内容 + 终端 + 应用"的完整生态链中，只要你想，并且敢做，就有很大机会获得红利。尤其是当 5G 时代来临时，网络的再一次提速一定会让短视频行业得到更为完善的发展。

短视频火得太快，就像一场突如其来的龙卷风，正在席卷全国。如果你对于短视频的态度仅仅只是想通过浏览视频找找乐子，消遣无聊的时光，那么是否错过抖音，都无须在意。可若是你也想成为一名短视频的传播者，借助短视频的火热初步赚点零花钱，那么抖音将是你的不二选择。

♪ 抖音运营一点通

随着短视频内容质量的不断提高，抖音用户量的不断扩大，各种广告植入也会增多，因此内容变现的机会也会变多。如果你对创作短视频感兴趣，那就尽快行动起来。

硬核玩家访谈：独树一帜，东北文艺复兴的急先锋

图1-3　"老四的快乐生活"抖音主页面

"心里的花，我想要带你回家。在那深夜酒吧，哪管它是真是假。请你尽情摇摆，忘记中意的他。你是最迷人嘎，你知道吗？"相信很多读者朋友对于这几句歌词都不陌生，甚至有些人在看到这几句歌词时已经不由自主地哼唱起来。作为2019年热门的流行歌曲之一，这首带有"东北港腔"味道的《野狼disco》不仅在抖音上创造了一股音乐潮流，就连央视春晚的导演组也联系上了这首歌的作者宝石老舅，并极力邀请老舅参加春晚的彩排及演出。

可能有些喜欢宝石老舅的读者都知道，宝石老舅出生于吉林省长春市，说一口地道的东北话，是土生土长的东北人。虽然宝石老舅的粉丝很多，有关他的话

题热度都很高。但是对不起，在本篇攻略中我们并不打算讲述他的经历，而是重点叙述《野狼 disco》官方版 MV 中的男主角，一个在黑龙江省表演圈子里"掌控雷电"的男人——佳木斯老四。

老四和老舅是现实中的好友，他们不但同岁，而且他们的作品也具有一个共同的特点，都属于乍看之下，似乎"不大行"；然而静下心来仔细看一遍，发现似乎还不错，并逐渐上瘾；最后关掉视频慢慢回味时，又能感受到作品对于现实生活的辛辣批判，无疑是好作品。

当宝石老舅首次在《吐槽大会》以段子的方式提出"东北文艺复兴"这个概念时，并没有引起多大的反响，哪怕是当时在网上讨论的网友，其内心多少也是带着一丝戏谑的成分。可随着时间不断推移，"东北文艺复兴"逐渐发展成了一个正式而宏大的话题。有些网友仿照意大利"文艺复兴三杰"，也弄出了一个"东北文艺复兴三杰"，分别是演员佳木斯老四、歌手宝石老舅以及新生代的青年作家班宇。巧合的是，这三人都是 1986 年出生，并且他们分别来自东北不同的三个省份。

老四并非科班出身，甚至高中没念完便面临辍学，但这并不代表他的人生经历就比其他人平淡。18 岁那年，高中辍学的他在朋友的介绍下，前往日本打工。由于刚到日本那会儿语言不通，他只能选择一个做起来较为简单，薪水很少但是不怎么需要交流沟通的工作。开始的那几个月里，老四每天至少工作 14 个小时。虽然工作累人，但这并不是老四面临的最大问题。一个人在日本举目无亲，不会说日语，无法与当地人进行交流，这样的日子一长，所产生的孤独感才是他最怕的。于是老四到旧货市场淘了一台二手电脑，闲暇的时光靠着国产电视剧《马大帅》消磨时光。

几年后，攒了些小钱的老四开始重新审视自己在日本的生活。在独自对着电脑屏幕里的"马大帅"干了一瓶日本清酒后，他终于做出决定——"班师回朝"。虽然自己在日本的发展取得了一定的成绩，但这里终究不是家，虽然日本的冬天也会下雪，但更令他怀念的却是家乡大如鹅毛的皑皑白雪。生活中的老四不是个拖沓的人，既然决定了，就不再犹豫和徘徊，当即辞了工作，回到佳木斯。老家的生活节奏很慢，相较于东京夜晚纸醉金迷的街道，这里的夜生活简直无聊至极，但回到家的老四对于佳木斯的慢生活却异常享受。之后，老四找了一份送快递的工作，然后结婚生子，回归平淡却又温馨的生活。

本以为这种平淡会陪着老四终老，可随着他开始接触短视频，这种平淡的生活被逐渐涂上了彩色。那是 2017 年年初的一个晌午，佳木斯街头纷飞的大雪使他萌生了拍摄短视频的念头，在那个接近零下 30 摄氏度的寒冬，他拿着勺子模仿了韩国人喝汤的场景。这个只有十几秒的作品被他发布在快手 App，当天便吸粉 800多。这个成绩使他有些激动，于是在之后的两年，他陆续拍摄模仿外国人吃饭的视频，粉丝也从最开始的 800 多突飞猛涨到了 20 多万。

2019 年，老四盯上了已经崛起的抖音，他在思考多天后，终于策划出了一个好的点子，那就是通过作品还原东北人的真实生活，于是"老四的快乐生活"系列短视频作品在抖音横空出世，凭借着老四惟妙惟肖的模仿和演绎，仅仅三个月的时间，老四便在抖音上吸粉百万，成为一线的红人。在老四的作品中，所有的角色都由他一人出演，"大丰""小涛""瑶瑶""小月"等数十个角色组成的"老四宇宙"成功地俘获了许多观众的心。

尽管这些角色都是"同一张脸"，但当他们出场时，熟悉剧情的观众们绝对能通过角色的妆发、服饰等方面一眼认出该角色是谁。细腻，准确而克制，是老四独有的表演风格，他不仅演活了这些角色，还通过角色之间复杂的关系为看客们编织出了一张富有东北特色的"人情世故关系网"，令沉迷其中的观众大呼过瘾。而这，也仅仅是老四创造的"老四宇宙"中多个系列中的一个而已。

熟悉老四作品观众的抖友都清楚，就目前老四为观众呈现出的多部系列作品来看，最富含个人思辨的系列作品，当属"东北酒桌文化"系列。在该系列中，老四通过中国上千年的酒桌文化，真实地反映出了东北特有的话术体系，"我提一杯"在老四重点突出的强调下，成功地突破了东北酒桌文化的语境，成为微博上热议的话题。

除了酒桌文化，让老四在抖音里快速走红的或许还是他对普通人家庭生活的极致刻画。在他的某部作品中，妻子在婆婆家受了气夺门而去，并带着孩子回了娘家。丈夫得知情况后，赶忙打电话询问妻子在哪儿，妻子正在气头上，于是回复说："我在美容院呢，让自己变得更自信，要不都拿我不识数。"看似轻描淡写的一句话，却饱含了婆媳之间尖锐的针锋相对的矛盾，这是只有已婚男人才能读懂的矛盾。

"媳妇你看，周五咱爸过生日，老两口挺想孩子的，你回来呗。"见妻子不搭茬，丈夫只能继续顺着说："你别跟我妈一样，她更年期。"

可妻子却早已不再吃丈夫这套，十分强硬地说："这件事能过去，但不能就这么过去了，你得让你妈好好说清楚，咱俩接下来日子该怎么过。"

视频中，夫妻二人通过电话你来我往的几句对话虽然简短，却已然将一个家庭的内部矛盾，老公夹在母亲和妻子之间的委屈但又不能表露的心酸劲刻画得淋漓尽致。

如果必须用一句成语来总结老四所有短视频系列的全部内容，那么或许可以用"家长里短"来形容。他对家庭关系细致入微的观察令许多观众肃然起敬。甚至一些抖友留言说"你是不是在我家安摄像头了？要不然怎么这么清楚我家发生的事情""太真实了，我媳妇也这样"。

洞察准确、台词凝练、表演传神是老四作品的三大特点，他了解世俗，模拟世俗，再现世俗，热爱世俗，他眼光毒辣又极具幽默感，创作剧本台词如同信手拈来，并且极少删改，也不需任何画蛇添足的解释与修饰，因为生活本身就包含着回味无穷的力量。作为"东北文艺复兴三杰"之一，老四将平淡的生活改编成了不平凡的艺术。

问答环节（节选）

作者：你好，四哥，感谢你能在百忙之中抽出时间接受我们的采访。你在抖音的粉丝数量已经突破了300万，那么在接触抖音之前，你还使用过其他的短视频或者新媒体平台吗？

老四：用过，最初是在快手App上发布的作品。

作者：从第一条作品到现在，仅仅八个月时间，你就拍出了180条作品，差不多一天半就出一个作品，作品中的台词都是你自己创作的吗？这些台词的灵感来源于什么地方？

老四：剧本大多数都是自己创作的，也有一些是生活中听到的，我感觉很有意思，就稍微修改了一下拿过来用。至于创作灵感嘛，我觉得多数应该来源于生活阅历吧，虽然我没读过什么书，但是我的生活阅历应该算是较为丰富的。

作者：能否冒昧地问一下，你目前所从事的工作是什么？

老四：在我全职做抖音短视频之前，是一名快递员。

作者：你觉得现在做抖音短视频的生活和之前每天打卡上下班相比有什么不同？

老四：从时间上来说应该是轻松了，以前每天差不多都要忙到晚上七八点钟，遇到各种购物节啊什么的更忙，现在好多了，创作之余还能和老朋友喝喝酒，接孩子上学放学。

作者：你的视频作品中有一个很大的特色就是一人分饰多角，拍摄这些视频会不会对你的现实生活造成一些影响？看你作品的评论区里有人开玩笑说："四哥要是哪天精神分裂了，出现多重人格，我一点都不感到意外"，对于这个情况，你是怎么看的？

老四：其实还好吧，并没有太大的影响。

作者：许多粉丝都认为你在表演方面很有天赋，我们也了解到，你在早些时候带着妻子去过北京并参加了一些 MV 以及电影的拍摄，你今后打算向这方面发展吗？

老四：这个不大好说，现在每天的生活很充实，想得最多的是如何写出新的剧本，不过真要有机会的话，也会想要往这方面发展。

作者：在你的作品里，有一个系列作品反映了东北独有的酒桌文化，导致一些网友将你与其他两位东北艺术家并称为"东北文艺复兴三杰"，以此来评价你对于东北酒桌亚文化的发扬做出的贡献，对此你有什么看法？

老四：之所以想做酒桌文化这个系列，目的也只是想让更多的朋友了解东北的魅力，仅此而已，并没有想太多其他的。至于东北文艺复兴三杰什么的实在是不敢当，感觉自己被捧杀了。另外，我比较好奇其余"两杰"是谁。

作者：其中一位，你恐怕已经很熟悉了，就是《野狼disco》的演唱者宝石老舅，另一位是青年作家班宇。

老四：哦，我知道他（班宇），我家里还有他写的一本《冬泳》，我很喜欢这本书里讲的故事。

作者：目前你的粉丝已经超过了300万，对一直以来关注你作品的粉丝，有没有什么掏心窝子的话要讲？

老四：非常感谢大家的支持，老四今后依旧会用心拍短视频，争取给大家带来更多的快乐。

作者：作为抖音上拥有百万粉丝的短视频达人，对于那些想要进入抖音的新人，有什么建议或者是经验要对他们说？

老四：我也没有太多的经验之谈，只想对那些年轻人说一句，做短视频这件事一定是要自己喜欢的，而且作品一定要有自己的风格，不要抄袭，坚持原创。

敲黑板，划重点：本章重点内容回顾

本章从抖音历史出发，详细介绍了抖音的发展、特性、玩法、社交属性以及短视频行业现状等内容。作为短视频行业的后起之秀，抖音的成功并不仅仅来源于团队的策划和运营，更与亿万用户、百万视频作者、一众影响力巨大的 KOL 有着密不可分的联系。当我们每天抽空掏出手机点开抖音 App 时，我们就已经成为缔造抖音闪耀成绩的参与者。

对于亿万的普通用户而言，他们经历了抖音的发展，也共同见证了抖音的辉煌。然而却不是所有人都收获了丰硕的成果，那些每天花费一个小时甚至更多时间刷抖音的用户，也仅仅只在精神层面上得到一些满足。而一些利用业余时间用心创作的作者却已经靠着抖音这个平台赚取了常人难以想象的金钱，成了一呼百应的抖音红人。

无论哪个时代，"一夜成名"都具有极大的诱惑，即使那些口口声声说不在乎名气的人，也曾多数在深夜里幻想过自己有那么一天功成名就。而现在，抖音平台给了人们一夜成名的机会。在巨大的流量池前，有人按兵不动，有人则选择身体力行。大浪淘沙，那些愿意前行的人在海水的冲刷下洗尽铅华，绽放出耀眼的光芒，万众瞩目。这些素人的成名激发了更多人入驻抖音的想法。但俗话说得好"做事要讲究方法，只有方向对了，才能找到成功的捷径。"做抖音也是一样，同样是素人，为什么有的素人能在极短的时间内收获大量粉丝？这其中除去运气成分，更主要还是依靠运营方法。本书会在接下来的篇幅中详细介绍抖音达人的成功细节以及引流妙招。

第 2 章

玩法定位：

如何打造高转化的网红"人设"

不知道各位读者有没有发现，几乎所有颇具名气的抖音网红都有自己清晰的性格特征，能够给人留下深刻的印象。先不用急着纳闷，这是因为网红在拍摄抖音短视频时普遍加入了"人设定位"，目的就是为了让用户对自己产生深刻的印象和好感，并且能快速记住自己。

　　"人设定位"，乍看之下这个词似乎很专业，很玄乎，可其实理解起来并不难，这一章我们将重点讲解人设定位的概念以及如何在抖音做好人设定位。

做好定位，才能在抖音中脱颖而出

移动互联网时代，定位无处不在。任何一款应用在推出之前，都会想方设法地了解用户的需求，做好自我定位——无论是为用户提供服务还是用于用户分析。同样，想要成为一名抖音达人，在千万名创作者中脱颖而出，我们同样需要做好定位。对那些使用抖音 App 时间较长的玩家来说，如果留心观察，就会发现前两年很多高人气的抖音号，如今已经停止运营，销声匿迹。出现这种情况的原因很多，但其中最主要的一点则是这些抖音号的玩家或是幕后的运营者在前期忽略了一个非常重要的问题，那就是内容定位。

现在网络上很多课程和讲师都经常把"抖音定位""垂直运营"挂在嘴边，但是，真正能将定位解释清楚的却是少之又少。在抖音，什么是真正的定位？为什么一定要做定位？不清晰的定位在后期会给自己造成怎样的后果？定位的核心又是什么？只有当玩家彻底弄清楚这些关键问题，才能在短视频的道路上取得良好的开端。

什么是定位

"定位"一词出自"定位理论"，最早是由美国著名的商业鬼才艾·里斯与杰克·特劳特于 1972 年提出。里斯和特劳特认为，定位要从一个产品开始，那产品可能是一种商品、一项服务、一个机构甚至是一个人，而这个人也许就是你自己。

在网络时代，定位的概念逐渐变得宽泛。在抖音，玩家嘴里常说的定位用最简单明了的说法其实就是你在抖音做什么领域的内容；或者说，在粉丝眼中，你是一个什么样的人，你给予了粉丝一种什么样的"人设"。

为什么要做定位

说到底，抖音的内容定位其实就是不断地做减法，我们知道，在生活中你想做什么跟你能做什么，能不能做到，其实是两码事。很多玩家在接触抖音时就是没有找好自己的定位，以至于之后想要做垂直内容时却出现大量"掉粉"的情况。概括起来，我们可以从三个方面来说说定位的重要意义。

1.从平台的角度来说，培养优质创作者，是每个平台努力的方向。当下，几乎所有的互联网平台都在扶持能够持续在特定领域的产出垂直内容的账号。例如当下人气爆棚的李子柒，她的作品就一直围绕着"古风美食""自给自足"这样的关键定位。通过她的作品，我们可以看到，居住在山村的她，平时自己养家禽，种水果，养花草；并且，她视频里的腊肉、桃花酒、玉米饼、牛肉面等中华传统美食，都是她亲自完成。

2017 年 12 月，已经小有名气的李子柒正式入驻抖音，她在抖音上发布的第一条作品便收获了 40 多万个点赞。次年，李子柒将目光投向海外运营，在 YouTube 平台上仅用了 3 个月时间，便收到了 YouTube 官网寄来的银质播放奖（订阅粉丝突破十万）。

如今，迈入 2020 年的李子柒事业更上一层楼，她在抖音平台斩获了 3900 多万粉丝，粉丝量即将突破 4000 万大关。而在 YouTube 上，她的粉丝量也早已突破 750 万，她的每个作品在 YouTube 都有 500 万以上的播放量，有几个视频的播放量更是高达 2000 多万，作品平均播放量甚至超过了 YouTube 粉丝量排名第一的"UP 主"T-Series。

现在只要提起李子柒，相信很多认识她的人就会第一时间想起美丽、质朴、纯真的农村姑娘，而这，就是李子柒展现给众人的定位。

2.从个人角度说，高度垂直的定位，会给其他人一个关注你的理由。假设你的某个作品上了热门，那么在用户浏览点赞之余，其中有些人便会通过你的头像进入到你的主页中。在这里，他们可以看到你之前发布的其他视频内容。只有让这些进入到你主页的人对你产生兴趣，他们才会考虑是否要关注你，而这就需要我们保持作品高度垂直。否则，这些进入到你主页的用户很难对"关注"你产生极大的兴趣和欲望。因为别人不清楚为什么要关注你，以及后续可以从你这里获得什么内容。

3. 从竞争角度说，做定位，保持高垂直度的内容可以让用户感受到你与其他创作者的差异，而这种差异，就是用户愿意"粉"你的理由。

定位的核心是什么

无论商家还是个人，在运用定位时都要清楚定位理论的核心："一个中心，两个基本点"：以打造商业品牌／个人品牌为中心，以竞争导向的观念和进入顾客心智为基本点。

从抖音个人创作者最根本的角度思考，运营抖音号的过程其实就是创作粉丝、打造个人品牌的过程。这里需要每一位创作者注意的是定位理论所有的概念、观点、体系都是围绕着打造品牌这个目的展开的，如果离开打造商业或个人品牌这个中心，再去谈定位理论，必然一头雾水，不得要领。

如何找到自己的定位

对于创作者来说，当你在确定自己的抖音定位时，首先你要想清楚自己擅长什么。然后再去想市场的需求是什么，只有当两点充分结合，你才能真正找到适合自己的领域。同时，作品还要有创意，能做出自己的特色。在抖音平台，你只有最大限度的不同，才能最大限度被需要，这也是创作者在做内容定位时必须掌握的关键点。

抖音运营一点通

纵观各个领域的头部账号，好看的皮囊可以没有，但有趣的人设不可或缺。

做 IP 等同于做人设

我们每个人身上其实都有标签，而这个标签也可以被称为"个人 IP"或者"人设"，在抖音，一个创作者有没有商业价值，是否能通过自己的短视频以及直播带动卖货，就看这个人的"个人 IP"可以受到多少粉丝追捧。

打开抖音 App，我们可以发现，那些粉丝超过 50 万的精英玩家们，往往都会在抖音上给自己贴上一个个标签，例如"职业法师刘海柱""集美貌与智慧于一身的 papi 酱""暖男先生郭冬临""无用爱迪生耿帅"……打造个人 IP 其实就是要找每个人身上最容易让人记住的标签，个人 IP 塑造得好，不管是引流，还是未来变现都能取得事半功倍的效果。

想要打造人设标签，最靠谱的玩法是选择真人出镜。如果考虑到自己的时间和精力有限，或是不习惯面对镜头，不想真人出镜，那么你就必须在技术上高人一筹，例如在抖音上拥有 4700 万粉丝的"一禅小和尚"，就是全程通过动漫人物讲述生活中的哲理与趣事；萌宠视频达人"会说话的刘二豆"也一直采用给萌猫配音的形式录制作品，这些都是非真人出镜的典范。

不过，总体而言，除了极个别领域，真人出镜还是具有很大的优势的，真人出镜更能拉近创作者与用户之间的距离，可以通过个人魅力增加粉丝黏性，这样对于后端变现更加有利。

那么，对于一个创作者来说，要如何在真人出镜中塑造人设呢？具体来讲"人设"指的就是人物设定，它包括人物的基本设定、年龄、姓名、身高、兴趣等方面。比如在抖音里被人所熟知的祝晓晗，她和父亲在视频中总会玩一些无伤大雅的整蛊小游戏，偶尔也在作品中展示一些生活中的家庭问题，视频氛围轻松，吸引了 3500 万粉丝的关注，5.2 亿的点赞。然而很多人并不知道的是，这对抖音上吸粉无数的"活宝父女"在现实生活中其实只是普通的同事关系。在抖音里，类似于祝晓晗的例子数不胜数，这些短视频创作者呈现在大众面前的人设，其实都是经过专业的团队精心设计出来的。

其实，打造抖音人设并没有想象中那么难，比如说，你是一个年近 30 岁的职场人，那么你完全可以结合自身的优势，去拍摄一些职场经营、管理心得、口才教学等方面的短视频。在作品中，你可以将自己包装成一名叱咤风云的职场精英，教人如何在职场快速做到升职加薪，又或者你可以把自己的人设打造成金牌 HR，通过作品传递如何识人用人的经验。

需要注意的是，无论你打造何种人设，一旦人设敲定好之后，在往后的作品中就要沿着这个标签全方位的塑造自己，让自己成为这个领域的顶级专家或牛人，这样你的个人 IP 自然会随着你的人设成功而提升影响力。

作为短视频创作者，在设定好人设的同时其实就相当于给自己找好了定位。因此在涉足抖音的初期，打造优质人设是一件十分重要的事情。一个完美的人设能更加充盈你的个人 IP 影响力，从而令你快速锁定目标粉丝和用户群体。

抖音运营一点通

人设不是凭空想象出来的，而是应该从自身出发，基于自身已有的条件去做精选。可以是外表，可以是性格，也可以是特长，只要是具有差异化的特点都可以考虑。

打造抖音人设的 5 个技巧

随着越来越多的朋友加入短视频行业，无论是企业还是个人都知道这里隐藏着巨大的利益。但是，很多人入行却不知道怎么去做，从哪里入手？或者，不知道怎么样去打造一个完美的个人人设！下面我们讲述 5 个非常实用的抖音人设打造技巧。

我是谁？让标签替你回答

对于绝大多数的用户而言，他们愿意花时间看各种短视频，其主要目的是消磨时间，因而用户中大多数人恐怕并不想花费自己过多的宝贵时间和大脑细胞来研究一个账号到底是怎么样的。因此，作为创作者，你要想让用户快速熟悉你，最好的方式就是学超市商品那样，给自己身上贴上标签。互联网时代，标签是熟悉一个人最快捷的方式。换而言之，你对大家展示的人设，其实就是你为自己贴上的标签。这种能够展示你人设的标签并不是你在作品的标题上跟别人说，自己是怎样怎样的作者，请大家关注自己，而是通过视频内容呈现出来的。此外，这种标签需要具备一定的传播度并符合自身定位。

如果你想一直展示、传播你身上的标签，那么这些标签就不能只在你的几部作品中出现，而是应该出现在几乎所有的视频中。因为这样，用户可以对你形成一个固有的人设印象。

增强自身辨识度

"颜值即正义"，意思就是，只要这个人的长相好看，那么他（她）无论做什么都是对的。如果你也拥有这样的颜值，那么恭喜你，你在短视频创作的这条道路上无疑比其他人具有更多的优势。倘若没有，也不要灰心，你也可以从自身发掘出能吸引人，并有辨识度的特点。

纵观抖音各个领域的头部账号，并非每位 KOL 都拥有好看的皮囊，他们之所以能成为抖音红人，靠的便是有趣的灵魂，例如以一句"真好"走红网络的陆超，唱歌时表情"鬼畜"的面筋哥……

如今，短视频已成为主流，其特点便是相较于传统社交平台具有更强的自我展示属性。对于一个愿意真人出镜的抖音创作者来说，其人设很大程度上取决于表演者面对镜头时所展现出来的性格特征。这极大地决定了表演者能否感染观众的情绪从而引发互动，以抖音红人浪胃仙为例，他之所以能从众多的俊男靓女中脱颖而出，到如今坐拥千万粉丝，核心卖点便是他的"吃播"让食欲不振的人看着都能流口水，并且具有减压的作用。

重复深化人设

对于抖音网红来说，所有的人设都不是凭空捏造的，而是应当从自身出发，基于自身已有的特点去做精选。可以是口才，可以是技能，也可以是知识，只要是稀缺的特点都可以考虑打造成为自己的人设。

如果你不清楚自己身上具有哪些吸引人的特点的话，可以问问身边的同事或者朋友，让他们评价一下你身上拥有哪些讨人喜欢的特点。作为一个抖音新人，对于特点的挖掘，要舍得投入足够的时间。针对每一个可能的特点分别策划视频并大胆勇敢尝试，通过数据分析得知哪一个才是你真正不同凡响、让人印象深刻的特点。

当你挖掘到自己的特点后，也不要高兴得太早。因为在之后的视频作品中你还需要对这个特点不断进行深化，让粉丝在脑海里形成记忆点，使粉丝们今后一听到某个词的时候，就能想起来这个词相对应的标签是你。

人设当从自身出发，不要伪造

人设的选择与打造最忌讳作假。简单来说，打造人设是将你身上的某个特点不断放大，这个特点必须是你所具备的，而不是无中生有，凭空捏造的。现实生活中，我们经常可以见到一些因强调个性和能力的明星和网红在被人拆穿后，人设瞬间崩塌。例如之前一直以"学霸"示人的某明星，就是由于在直播时对于粉丝的提问一知半解而"翻了车"，其学霸人设崩塌后成了人人喊打的"骗子"。

俗话说得好"群众的眼睛是雪亮的"，在这样信息发达的社会，千万不要试图去欺骗任何人。每个人都有属于自己的闪光点，在你选择将你自己的特点分享给其他人的时候，你越真诚，你的粉丝就会越信赖你。

扬长补短

相信很多人都听过木桶定律，即一只木桶盛水的多少，并不取决于桶壁上最长的那块木板，而是取决于桶壁上最短的那块，木桶定律中短板往往成为决定一个组织的整体水平的关键。但与工作团队不同的是，在短视频领域，木桶定律的效应则恰恰相反，对于创作者而言，你最需要关注的不是你的短板，而是你能拿得出手的最长的那块木板。因为只有这块木板才能帮助你在一个垂直领域内占据高地。

抖音运营一点通

一个"完美"的人设 IP 打造，是必须拥有灵魂的。只有这样，IP 才能与粉丝共同成长！

角色定位认知存在的四大误区

想玩好抖音，首先要搞清楚账号的角色定位。很多新玩家在运营抖音账号时，对于角色定位总是陷入这样的误区：

误区一：角色定位等同于市场定位

市场定位也称"营销定位"，是根据现有各类短视频在市场所处的位置，针对用户特征针对性推出用户需要的短视频。

市场定位要了解用户是谁，用户有怎样的喜好和消费能力，然后确定用何种方式让用户心甘情愿地奉上钱包。通常，这种市场定位只是针对一类用户，并不能让抖音平台里的所有用户都喜欢，因此必须舍弃一部分用户。例如，一些胎教、母婴类的短视频创作者，她们的市场定位就是将产品售卖给妈妈或者准妈妈的用户。

很多短视频创作者或是经济团队认定市场定位就是角色定位，这种想法显然是错误的。客观来讲，角色定位的格局更大，是在市场定位的基础之上。举个例子，创作者的市场定位可以和竞争对手相同，但是角色定位就不能，而是必须在短视频行业的千军万马之中找出自己人设的核心竞争力以及角色具有的差异性特征，让人一想到某个领域能立马想到自己的角色定位。比如说，一提到口红界的UP主，相信很多抖音用户会立马想到"李佳琦"，李佳琦显然已经成了口红界的"一哥"。角色定位是打造人设的"灵魂"和"价值"，核心价值并非市场定位能比。用户可以转化成为消费者，但消费者并不是圣诞老人，他们不会无缘无故给某个UP主送钱，只有当UP主提供了用户想要的核心价值，用户才有可能去购买UP主的产品。

误区二：将角色定位当成"万能论"

角色定位"万能论"就是企业过度夸大角色定位的功能，认为角色定位能够解决用户的一切需求，从而不注重角色定位后的短视频拍摄，最后团队因内部问题被拖垮。2018 年，一家音乐公司在抖音上开了公司账号，并利用公司资源在抖音平台上捧红多名艺人，其中一位烟嗓女歌手因翻唱了一首歌手张晓棠 2012 年发布的音乐作品《苏幕遮》而被广大用户所熟知，结果这个视频令该音乐公司的官方账号收获粉丝超过 30 万。

随后，这家音乐公司将包括翻唱《苏幕遮》歌手在内的 3 名艺人进行包装，力求打造成人气偶像团体，在公司花重金集中宣传下，该偶像团队的市场进一步被打开，账号内抖音橱窗的相关商品销售额也节节攀升。然而令外界想不到的是，该公司在 2019 年年末因存在严重的股权治理等管理问题，陷入一片混乱。

这家音乐公司的案例说明，通过角色定位的确能让公司，让团队获得短暂的发展机会，但是角色定位并不能解决企业内部管理、发展战略制定的问题。公司切不可将角色定位视为万能，认为角色定位能够解决企业一切问题，而是要在"角色定位"的引导下，剔除企业的内部不健康的因素，制定长远、健全的战略。

误区三：频繁更改角色定位也没什么

很多创作者通过"角色定位"获得一定的成功之后，并没有坚持定位，而是盲目依照市场、用户需求重新进行角色定位，虽说更换人设是创作者的个人自由和喜好，但如果总是更换人设简介、视频内容，那么一些原来喜欢你、关注你的用户很可能由于你的改变而放弃你，因为你在改变之后发布的内容，对他们来说可能毫无意义。

误区四：定位会使自己变得僵化

其实，定位不是静态的，而是动态的事情。当自我发生重大变化，当外部环境发生重大变化的时候，定位都需要重新定义。这里所说的"重新定义"并非"重新定位"，而是在原本的定位的基础上细分，寻找更有吸引力的点子和内容。

目前，一些自媒体总是为了显示自己与其他人的不同，继而鼓吹"定位已死"。但其实，纵观我国大部分行业和领域，可以看到尽管定位理论目前受到了巨大挑战，但客观来说，定位理论仍然有它发挥价值的巨大空间。尤其是在复杂程度高、层次丰富的短视频领域中，定位理论依旧能帮助很多人高效地解决运营难题。

♪ 抖音运营一点通

有认知误区并不可怕，可怕的是有些抖音玩家总想维持现状，不求改变。

抖音的内容定位很重要

做抖音，除了找寻角色定位，打造人设外，还应该针对自己的拍摄内容找寻定位。抖音作为新的内容创作渠道和流量入口，正以排山倒海之势席卷整个短视频行业。数亿用户涌入抖音，为抖音带来无法想象的商机和流量。抖音的异军突起，让许多早期把注意力放在抖音上的短视频创作者一飞冲天，纷纷取得了不俗的成绩。

而后来跟风的一些创作者，他们借鉴前人拍摄发布的作品却不温不火，少有观看和点赞，愿意分享和评论作品的人就更少了。当抖音大火的时候，越来越多的人想要参与其中，分一杯羹，但是很多人从一开始就输在了定位的环节上。

想要做好抖音，除了打造角色人设，内容定位也很关键。在做内容定位之前，你首先要考虑的是，你想要向用户传递的信息是什么？比如说做体育竞技领域里的足球项目，目前，做这个项目的抖音号那么多，你如何保证用户会对你的作品产生兴趣？你有什么独特的内容定位？你想给观众传达什么内容核心？以上问题都值得你去深究。

想要做好内容定位，并不是一件很简单的事情，你要对自己想做的领域具有一个清晰的认识，并且划出一个内容边界。将用户感兴趣的与相对而言不怎么感兴趣的东西分开。在用户感兴趣的边界内，这一部分内容你要如何拍摄，用怎样的形式去表达你想传递的内容。对于用户不感兴趣的内容，是否存在一种可能，将其用另一种方式拍摄出来，打破内容边界，做一个整合？

例如抖音里很多做情感语录的抖音号，那些创作者先是简单地从网上找一些能够引发人情感共鸣的句子，配合精美图片以配音的形式将视频的内容定位下来。然后逐渐积累粉丝，从而开始慢慢形成一个小的体系。创作者供给内容，用户消费内容，形成良性循环。然后在已有的体系里针对更多的潜在用户增添内容。

通常情况下，无论是人设还是内容，其定位一旦建立起来，是不容易再去进行大规模改变的。创作者要想办法围绕内容的内核进行发散和延伸，在原有基础上发展其他的变现通道，然后向固定的用户群进行推广，用户体验好的话，会逐渐形成一个好的推广渠道，这样就既能实现拉新又能实现内容转化。

抖音运营一点通

做内容定位的原则，就是要确保定位后，可以让自己或者团队有高频、持久的内容输出能力。

抖音定位核心：保持垂直＋扬长避短

抖音拥有多个热门领域，能够细分出上百种有趣玩法，这些玩法本身的数量并不重要，重要的是我们应该清楚自己的优势是什么，如何将自己的内容输出方向建立在自己的优势之上。俗话说"骏马行千里，耕地不如牛；坚车能载重，渡河不如舟"，每个人在生活中都有自己的优势和特长，在选择抖音的方向上，要遵循扬长避短这个原则。

抖音账号的定位核心有两点，一是保持垂直；二是不要轻易涉足自己不熟悉的领域。俗话说隔行如隔山，对抖音视频的创作者来说，自己完全不熟悉的领域是非常难做的，即使这个领域在抖音上是热门领域，关注的用户很多。每个领域都有其独特的玩法，这些玩法的精髓并不是浏览几篇攻略就能轻易掌握的，也不要听别的创作者说得天花乱坠，自己就跃跃欲试决定"以身犯险"。

抖音的本质是信息的传播，并在传播过程中创造附加价值。对抖音用户来说，他们在浏览视频时，也在评估内容价值。对于那些吸引用户兴趣，引发用户共鸣的优质内容，用户会毫不吝啬地进行点赞、评论、转发。说到底，用户真正关心的并非领域，而是内容本身。

做抖音，做的便是内容，其余一切策划都是为内容服务的。只要视频内容过于硬核，即便是小众或冷门的领域，创作者也会获赞无数。作为创作者，不要刻意追求自己不熟悉的热门领域，从而忽略了视频的质量。这种舍本逐末的做法，并不能让你在抖音平台上走得更远。那些完全不考虑自身技能，看某个领域热门自己就跟着进入哪个领域的创作者，最终结果往往是白白浪费了时间和精力。

相信大家都听过"田忌赛马"的故事，田忌在赛马时所采取的策略简单来说用四个字就可以概括——扬长避短。田忌之所以能扭转败局，正是由于他听取了孙膑的建议，做到舍弃劣势，发挥优势。

在打造抖音账号时，创作者也应对自身的状况做一个客观的评估，找出自己的优势，并将这种优势呈现给其他用户，同时保持内容垂直。垂直的目的，是给用户稳定性和期待感。稳定性就是保持一种内容的垂直，而期待感则是指在稳定性的基础上，给用户以新鲜、意外的体验。想成为抖音的超级红人？那么你必须要在垂直的基础上不断创新，满足用户的期待感。

抖音运营一点通

抖音玩家只有找准定位，确定目标，才能抓住核心，实现涨粉变现。

人设营销过度会导致人设崩塌

在短视频行业，人设是创作者扬名立万的基础，一个好的人设能让普通素人快速晋升为网红。

2018 年，一个在工地上扛水泥的小姐姐在抖音平台悄然走红。在小姐姐的视频里，我们可以看到，在炎热的夏季，为了补贴家庭的开支，顽强的她用柔弱的身躯扛着一袋袋沉重的水泥，行走在炎炎烈日之下，一身的灰土让人看着非常心疼。许多城市里娇生惯养的男孩看到这位小姐姐的视频时也感到羞愧和自卑。很快，这位小姐姐在抖音上就被人们亲切地称呼为"水泥姐"。

积累了一定的粉丝后，"水泥姐"在网友的建议和帮助下，有些笨拙地开启了直播。在直播时，网友惊讶地发现，褪去满是水泥尘土的工作服，清洗干净脸上粉尘，换上一身干净衣服的水泥姐竟然还是一个大美女。在姣好的相貌和令人心疼的遭遇这两重因素的影响下，许多网友纷纷伸出援手，陆续给水泥姐刷虚拟礼物。

可是，就在水泥姐成名后不久，一条令网友感到震惊的消息就被人扒了出来。据一位现实中认识水泥姐的网友透露，其实水泥姐的身份是伪造的，她的家庭也并没有直播里描绘得那么穷，而水泥姐出行的座驾更是一辆价值百万的跑车——兰博基尼。

一石激起千层浪。水泥姐的真实身份，一下子成了很多网民所关心的事。在事件持续发酵的阶段，有细心的网友还发现一处细节，那就是水泥姐的皮肤很娇嫩，不像是长年累月做重活的人，而她的双手，也没有长出老茧。

最终，在一场轰轰烈烈的全民调查下，水泥姐身份造假的事被"实锤"，她并非如自己所说的那样家徒四壁，为了补贴家用，不得已出来做工。相反，水泥姐住的是一栋豪宅，她的名下拥有一辆跑车。她的人设，只不过是被策划团队包装出来的，而那些扛水泥的视频也不过是摆拍而已，目的只是为了博取观众的眼球和同情。

很多时候，网红所兜售的那种虚拟的网络人格，终究经不起线下的校验，人设的崩塌与分裂，只是一瞬间的事情。在水泥姐的真实身份被"实锤"之后，新华网也在核实水泥姐情况后发声"网红造假，人设岂能不塌""你造假的样子真丑"。新华网的报道受到了很多人的关注，也让越来越多的粉丝认识到水泥姐装穷卖惨的真相，故而纷纷脱粉。

其实，新华网的这篇报道不仅仅在批评网红"水泥姐"，更主要的是在批判目前网红身份造假的一种普遍现状。在抖音上，因人设过度营销而造成人设崩塌的例子比比皆是，那些为了名利故意欺骗粉丝的短视频创作者也在真实身份被人扒出后，顷刻间从万人关注的网红沦为人人追打的"过街老鼠"。早知如此，何必当初？作为一名短视频行业的创作者，在打造人设时，首先应该做到的便是将基本的法律和道德作为底线，如若不然，付出的代价只怕会比得到的更多。

抖音运营一点通

一个有人设的账号，其带来的好处是很大的，最明显的就是能够大幅度的提高商业价值。人设自带流量，也有利于更快地传播有价值的内容，同样会形成有认可度的用户聚集体，并形成裂变再次传播。

硬核玩家访谈：时尚与年龄无关，保持年轻态也能"C位"出道

图2-1　"少女心奶奶"抖音主页面

2018年3月的某天，抖音上的用户被一条拍摄老人的作品刷屏，视频中，一位白发奶奶身穿蓝白色软缎旗袍，搭配着一件民国女学生中十分流行的淡蓝色开衫，脚蹬一双红色软缎鞋，撑着一把几乎只能在影视剧中才能见到的油纸伞，在青石小道上莲步轻移，微雨中，她的身影显得格外优雅和迷人。

几乎就在当天，这条短视频便开始在抖音以"燎原之势"被疯转，没过多久就收获了 160 多万的点赞，接近 2 万条的留言以及超过 4 万次的转发。这条视频的作者是一个 ID 为"笑笑的笑"的小姑娘，她接触抖音并没有多久，这条视频只是她发布的第四条作品，这令很多专职从事新媒体行业的人无比诧异。其实，这就是网络时代新算法的功劳，同样也是抖音巨大用户群的功劳——在抖音，万众瞩目并不是俊男靓女的专属，而是哪些东西可以击中人心，哪些东西就能火。而这一次，击中人们内心深处的显然是这位奶奶优雅美丽又自信的姿态，因为在接近 2 万条的留言中，热评最高的一句话就是"希望自己老了，可以像这个奶奶一样优雅"。

这条视频中的女主角姓刘，在此之前，刘奶奶也偶尔参加一些模特比赛或者是走秀表演，但以往所有的影响力加在一起，都没有这一次在抖音上"意外走红"所受到的关注度大。这让刘奶奶第一次领略到了抖音巨大的影响力，本以为这次被路人抓拍上传到抖音只是刘奶奶生活中的一个小插曲，可让她没想到的是，一年后自己也入驻了抖音，并在短短几个月之内就吸粉过百万，成了抖音里的大"IP"。在那则爆火视频的影响下，刘奶奶不但被邀请担当抖音团体"时尚奶奶团"的团长，而她自己日常也经营起了一个抖音账号——"少女心奶奶"，用来记录她与老伴日常生活中的趣事。

在拥有 4 亿日活跃用户的抖音，谁都有可能是下一匹脱颖而出的黑马，很多看似"偶然"之间成为爆款的视频作品，其实更多时候又充满了必然的因素。因为当某个作品被人纷纷转发时，就意味着这则视频所表现出的情感内核或者思想精神，已被多数人所认可。例如，刘奶奶第一次爆红抖音的那个作品，所传递的核心只有一个："老了之后，是否也能像她那样从容优雅？"

在刘奶奶和其他奶奶级成员以及策划的共同努力下，抖音时尚奶奶团于 2019 年 6 月在北京正式成立，刚出道就受到广泛关注，并迅速登上抖音、微博、快手、百度等平台热搜榜。7 天时间，她们的作品总播放量超过 5 亿，并成功掀起了一股"旗袍风"。很多"抖友"纷纷在作品下方留言，希望自己的父母老了之后，也能活得像视频中端庄优雅的奶奶们一样精彩，即使岁月变迁，也不畏惧衰老。

作为时尚奶奶团的团长，刘奶奶特别自信，这种自信并不是通过人设和剧本编撰出来的，而是内心的真实演绎。刘奶奶身上所展现出的气质，让很多粉丝以为她从小成长于书香门第，成年后在某所学校里教书。可是当我们在采访中抛出这个问题的时候，刘奶奶却爽朗地笑道："你猜错了，我并不是老师，而是一名普通工人。年轻那会儿，我在北京城的一家汽修厂工作。那时候，汽修厂干活不分男女，都是国家建设的螺丝钉。"

刘奶奶或许就是从那时候建立起的自信，她的电焊技术非常厉害，干活完全不输男人。也正是这段经历，让刘奶奶练就了一双灵巧的双手，闲暇之余，刘奶奶会参考国内外女星所拍摄的时尚海报里的服装，对自己穿的衣服进行改造和制作。这种自己做衣服的习惯一直保持了几十年，尤其是年轻那会儿穿着自己设计出来的时髦衣服走在北京的街头上，回头率很高。由于形象端庄大气，刘奶奶入驻抖音后很快便收获了一大票粉丝，而她的"御用摄像师"则多数时候是由老伴侯爷爷担任的，这对相识相知相恋超过五十年的伴侣恐怕是全抖音里收获"金婚"祝福最多的一对儿了。

在抖音里经常有人问刘奶奶，退休了不享清福，天天为了参加活动、录制作品东奔西跑，难道不累吗？而她却认为，喜欢的事就应该认真去做，这应该是一种人生的基本态度。

刘奶奶对待生活的态度正如她在抖音的 ID 那样，时时刻刻都保持着一颗少女心。法国作家杜拉斯在其代表作《情人》里写道："我觉得现在的你比年轻的时候更美，那时你是年轻女人，与你那时的面貌相比，我更爱你现在备受摧残的面容。"这句话同样适用于刘奶奶，虽然流逝的时光带走了她的青春，可却不曾带走她的美。那一头银色的白发反而让刘奶奶更多一丝成熟，一丝沉静。在抖音里，刘奶奶出镜时除了旗袍，还喜欢穿各种带有卡通动漫 LOGO 的文化衫，以及各种款式的墨镜和棒球帽，着装完全摆脱了中老年衣着服饰的保守沉闷，然而又依旧优雅有活力，丝毫不会有强装青春的违和感。镜头前的刘奶奶通过自己的穿着打扮来表达热爱生活、青春飞扬的时髦正能量。

问答环节（节选）

作者：刘奶奶，感谢您和爷爷能够接受我们的采访。我也是在很早的时候就被您的气质吸引了，并开始关注您了。那时候，您和爷爷刚入驻抖音不久，发布的作品也不算多。后来，您在作品中也分享了是爷爷先追的您，那么，我想问的是，是爷爷做了哪件事，最后感动了您，答应爷爷的？

刘奶奶：当年不像现在通信这么发达，在电话不通的情况下大多数时候只有靠写信来传递表达内心的诉求。我们是经朋友介绍认识的，第一次见面后很长一段时间都是以写信的方式进行通信，两颗心就是这样渐渐地靠近。

作者：去年（2019 年）是您和爷爷的金婚之年，也是在去年您和爷爷入驻了抖音平台，收到了很多粉丝的祝福和支持，恐怕您是有"金婚"这个说法有史以来收到最多祝福和点赞的人了，对于粉丝，奶奶有什么话想说？

刘奶奶：我们相识是 1968 年，到 1971 年 4 月正式登记领结婚证。自称金婚是我们相识相知 50 多年了，不过到明年（2021 年），就真的是领证 50 年了。我认为两个人走到一起了就要相互包容，相互理解，相互尊重，相互负责和相互磨合；恋爱阶段双方都将最好的一面展示给对方，但每个人都有缺点与不足，在婚后漫长的时间里，双方的缺点、不足就会慢慢地暴露出来。所以既然选择了对方，就要将对方的优点、缺点与不足通通接受，两个人要相互理解磨合，及时修改不良嗜好和习惯，尤其是男人不要将不良嗜好（嗜酒吸烟）带到新建立的小家庭里。男人要有男人应有的担当，女人要有女人应有的温柔贤惠。

作者：奶奶，我记得在您的作品中，您说过爷爷在第一次见面时带您去吃了花糕，您很感动，在这段长达近半个世纪的婚姻中，想必您和爷爷有过无数浪漫的故事，您能给我们讲讲印象当中让您感动的几件事情吗？

刘奶奶：在那个年代很少有什么特别浪漫的事情，当时提倡"团结紧张，严肃活泼"，而实际是紧张严肃有余，活泼不足。男送一条绣梅花的手帕，女送一对自己手编的红灯笼（用乒乓球做的，外面手编玻璃丝）就算是定情物了。还有他喜爱绘画，送了一幅碳粉画，后来朋友喜欢给要走了，现在想起来真是后悔啊。

作者：奶奶，在我的认知和理解中，认为每一对夫妻都会在婚姻生活中遇到一些小摩擦，磕磕碰碰在所难免，在您和爷爷近50年的婚姻生活中，是否也是如此呢？您和爷爷是如何化解的呢？

刘奶奶：长期的生活里难免有摩擦，意见不一致，各执己见就会发生争吵。俗话说"夫妻没有隔夜仇"，发生争吵或者摩擦时，等双方都冷静下来后，其中一个人最好能道歉化解。

作者：在奶奶的抖音作品中，出现了很多流行文化的元素，例如压帽杀、电玩、迪士尼的文化衫、日系动漫，还有其他一些在年轻人中传播的亚文化，奶奶是如何保持一颗少女心，愿意了解乃至加入年轻人的生活方式中的呢？

刘奶奶：我们那个时代也没有现在物质这么丰富，拿着低工资养家，上有父母老人，下有两个小孩，节俭过日子，没有经济基础，也想不到现在这种浪漫的事情，看一次电影就算不错了。现在我们老了，孩子们也大了，都各自成家了。我们也退休了，有时间也有兴趣接受新鲜事物，我和老伴经常出去旅游，比如抖音就是我们在苏州拙政园拍照时，一个年轻人偷偷录我们的视频制作成抖音发到网上，被朋友看到告诉我，我才知道的。然后我自己慢慢学习，向年轻人请教，学会了玩抖音。

作者：您觉得抖音这个平台给您和爷爷的日常生活带来了哪些影响？您怎样看待这个平台？

刘奶奶：我们的抖音内容能够让年轻人喜欢，我们非常高兴，这些作品向年轻人传递了热爱生活、积极向上的正能量，是我们最大的收获，同时也能将中国现在的老年人，特别是老年妇女的美好生活和美好形象真实展示给包括年轻人在内的各国各界的朋友们。当然抖音也使我们对生活充满热爱，对自己的形象要求提高，让夫妻生活更和谐有趣，抖音在某种程度上改变了我的生活，当然，这种改变是正面的。

敲黑板，划重点：本章重点内容回顾

在这一章中，我们主要讲述了抖音定位、人设、IP 之间的联系以及如何塑造 IP 形象和找准定位。短视频创作者，在抖音建立账号发布第一个视频作品之前就需要想好自己采用何种人设。短视频行业的人设与影视剧里塑造出来的人物的人设不同。它们的区别在于电影很少有所谓的"本色出演"，对于更多的演员来说，他们通过荧幕展现给观众的是依靠"演技"对于角色的完全塑造；而抖音上的网红的各种人设则透露出一部分的真实的自己。

与影视剧中的角色不同，抖音中的人设并不完全是靠剧本和策划编撰出来的，大多数 KOL，都保持了自己生活中真实存在的一面。这与他们非科班出身，无法打造出完全的人设有一定的关系，但更主要的是，抖音玩家注重的是"玩家"的身份，他们更愿意在视频作品里分享有趣的日常或是偶然间灵光一闪的人生感悟，又或者是自己非常熟悉的某种技艺，比如唱歌、游戏、厨艺、手工等等。因此在人设的塑造环节，很多玩家愿意将自己喜爱的元素进行加工后投放到作品里，借此与他人分享。这种对自己爱好的展示就是创作者内心希望在抖音中建立的人设和定位。

之前我们提到过，当创作者确立好自己的人设之后，就不要轻易地去否决改变，因为只有长久稳定的坚持塑造一个固定人设，才能让用户逐渐在脑海中形成一个对你清晰的印象。因此，在确立人设之后的持续输出内容的选题策划当中，一定要充分考虑视频的内容如何在吸引用户观看的同时还能展现出我们的人设。做抖音，无论进入什么领域，都应该从始至终保持相应的内容垂直，通过持续的内容输出与人设高度一致的视频，不断加强粉丝对于人设的印象，继而增强粉丝黏性。

当然，凡事无绝对，不盲目跟风不代表不可以跟风，在保持视频风格的前提下，将热点融入其中，可以让粉丝感到眼前一亮，使创作者在增加视频广度的同时，也能拉近与粉丝之间的距离。

第 3 章

内容为王：
爆款视频的策划思路

想做好抖音，必然要建立自身强大的内容生产能力。这种能力不仅要有内容产出，还要让内容生动有趣。绝大多数的抖音爆款视频看似偶然，但这些内容之所以能够火爆起来，背后或多或少都存在一定的道理和规律。深度挖掘，摸清抖音规律是玩家们打造爆款视频的核心因素。

建立抖音素材库，保持稳定更新

相信玩过抖音的小伙伴都深刻体验过一件事情，拍一个抖音作品并不是什么难事，在有策划的前提下也花不了多少时间。但难点却在于，如何能让视频稳定持续地更新，恐怕这是令大部分抖音玩家感到头痛的地方。出现这个问题的主要原因有两点：第一点用一个字就可以总结，那就是"懒"，懒得拍视频、懒得做策划、懒得想创意，导致自己没办法做到持续的内容输出；第二点是因为素材少，即便做出了一套好的视频文案，但由于缺少素材，最终使作品迟迟无法与大家见面。

对于"懒"，除了建议创作者走出内心的舒适圈外没有其他好的方法。但如果是后者的话，其实方法是有很多的。日本著名小说家大泽在昌在《畅销书写作全技巧》中说："一个职业作家，需要的是持续地去阅读，去积累，才能持续地输出，不断地提升自己的才能。"对于创作，大泽在昌给出的经验是，多观察，多思考。现实生活中，看到小夫妻拌嘴，是否能激发你的灵感？看完一部微电影，里面的情节能否给你增添某种灵感？当我们观看别人的作品时，不仅为了图个乐呵，同时还应该思考如何将别人的技巧、素材、核心内容运用到自己的作品里。

几乎每个有名气的抖音红人都有自己的素材库，其中存有大量图片、文案、未剪辑的视频、影视资料，这些素材的收集工作都是经过日积月累筛选出来的，其中很多素材只需经过简单修改就能直接插入自己的作品中，非常方便。建立素材库的方法并不难，只是需要花一点时间及心思。

新入门的抖音玩家可以选择创建两个素材库：短期素材库和长期素材库。在信息极为发达的时代，所有的新闻热点都是有时效的，也就是说当某件事情成为热门的时候，人们会经常谈到这个话题，可是随着时间的流逝，这件事被多数人熟知之后，或是事情已经得到了解决的时候，人们就不再过多提起这件事。这时，再讨论这件事就不会再引起人们过多的好奇和注意，因此我们可以将一些时下的热点新闻或是突发事件归档到短期素材库中，并及时整理，在人们还在积极讨论这件事时将其制作成为短视频作品。

在我们使用短期素材库时，一定要注意不要"拖拉"，因为一旦热点事件的风吹过，那么无论你制作的视频多么有趣，大概率都不会收到过多的关注。这样的热点事件有很多，举个例子，在2017年的世界杯预选赛上，国足主场作战最终以1∶0的比分战胜了同组强大的韩国队，取得了此次世预赛的首胜。这场比赛的获胜在当时获得了极大的社会关注，即便平时很少关注足球的人也在比赛结束后通过朋友圈分享国足战胜韩国队的新闻，以示自己满心欢喜。但令人遗憾的是，尽管这场首胜是那样的鼓舞人心，但此时的小组赛赛程已经过半，除非在接下来的比赛中，国足能够保持全胜的战绩，否则基本出线无望。果不其然，下一场比赛国足不敌亚洲劲旅伊朗队，国足想要冲出亚洲，晋级世界杯的愿望也只剩下缥缈的"理论希望"了，此时，国足的关注度已从当时战胜韩国时的全民热议下降到了只剩真爱粉还在苦苦支撑，而这中间也只隔了5天的时间。

想要在抖音上做有关社会热点的内容，必须做到一个字——快，只有当事件发生的第一时间去了解事件的起因、经过以及所造成的社会影响，我们才能更好地抓住事件的核心，提取事件的关键点，为人们呈现相关的事件进展和客观分析。这些贴合现实生活的热点也往往是抖音用户所关心的内容。

短期素材库要经常管理，删减一些已经过时的，自己还没来得及做的新闻和时事内容。相比于短期素材库，长期素材库的管理相对来说要轻松许多。在长期素材的收集上，我们可以收集经典电影、动漫的片段以及台词、流行音乐、搞笑段子、情感金句、生活冷知识、野外求生技能……在挑选这些素材的时候，我们可以一边收集、整理，一边在脑海中进行构思，我们收集这些素材的最终目的是创作视频，而非自己收藏。因此，如何将这些素材融入自己的作品，更是需要每位创作者投入时间思考的。

抖音运营一点通

参考时下年轻人喜欢追番或者追剧的特点，可以得出结论：只有创作者稳定更新视频，才能让用户产生期望和黏性。

开篇：前 3 秒决定"生死"

当我们有了自己的抖音素材库，并确定了视频文案，打算着手准备创作视频时，要清楚一个短视频的定律："开篇 3 秒内定生死"。

在快节奏生活的时代里，每个人内心多少存在一些焦虑，为了释放内心压力，不少用户会利用碎片时间浏览一些有趣的信息以转移注意力。这也是为什么自新媒体出现以后，各大资讯平台能火的原因。而当新媒体发展到一定阶段，新媒体形式由最初的文字、图片转向视频时，抖音、快手等短视频平台则攻城略地，用优质的作品抢夺了大量的用户。

随着用户新媒体信息传播方式的改变，用户的习惯也随之改变。短短 15 秒视频的时长，最初 3 秒如果没有足够的吸引力，那么绝大多数用户就会下划手机屏幕，转而浏览下一个视频。因此对于抖音创作者来说，必须在视频的前 3~5 秒内打造出吸引用户观看的核心点，这种扣人心弦的点如何打造呢？

视觉强冲击

视觉强冲击，顾名思义，就是出现在镜头里的人或者场景能够对观众造成强烈的视觉冲击感。例如抖音上粉丝数量已经突破 1200 万的"小橙子"，她的作品中汉服的出镜率相当高，除此之外，旗袍、洛丽塔裙子、嘻哈装扮也经常出现。高颜值配上风格各异的服装，再加上她本身具备的不错的舞蹈功底，使得其作品总能给人惊艳的视觉冲击。

当然，想在作品里做到视觉强冲击，远不止运用颜值、场景、服装、道具这些外部因素，玩家也可以利用抖音自带的特效来营造视觉强冲击。例如抖音 App 自带的一些特效："变身奥义""一秒换装""超大头"等。合理使用这些特效，也能打造出有趣的视频。

配乐强震撼

让一个人产生冲击感除了视觉还有听觉。对听觉产生冲击力的可以是好听的有治愈力的声音，例如抖音上的红人"一条小团团 OvO"，她在抖音上上传的作品几乎都是自己平时游戏的视频，和一些大神玩家不同，她的视频并不是通过技术来吸引玩家的，而是通过一些搞笑的片段，再配上她自己萌萌的奶音以及魔性的歌声火遍抖音。"一条小团团 OvO"被粉丝亲切地称为"电竞死歌"，足以证明她的歌喉有多么"震撼"。

除此之外，还有一些与视觉感官反差较大的声音，也能形成较突出的"震撼力"，促使人停留观看。例如坐拥 850 万粉丝的抖音红人"圆肥白"，作为"女装大佬"的他平时在视频作品里一直以女装与大家见面，纯从外表来看，"圆肥白"似乎是一个可爱到了极致的小萝莉，可实际上"圆肥白"却是一个真真正正的汉子，每次一出声，就暴露了自己的性别，让人在视觉感官和听觉感官产生了较大的反差效果。

最后，就是音效的运用，无论是制造恐怖气氛的音效还是一些影视综艺中常用的"笑声""起哄"等音效，都可以烘托氛围，引导观众的情绪。

冲突、悬念、反转，环环相扣

其实，无论是视觉冲击还是震撼配乐都是建立在视频内容上的，如果视频内容做得不好，单纯靠这些小手段是很难支撑起整个作品的。想做好抖音，除了与视频搭配的视听语言之外，其本身所包含的内容才是最重要的。因此，在内容上我们要花更多的时间进行策划，力求呈现出的作品能给观众造成强烈的"反差感"。什么是"反差感"？简单来说，就是在内容当中设计矛盾，让出镜人形成冲突，然后暗中埋下伏笔，以达到最后剧情反转的需要。当内容让用户的心理预期形成落差，或超越用户的心理预期的时候，就会让用户产生"反差感"。

在设置"反差感"的环节上，"鬼哥"可谓是创作者中的佼佼者，他所策划的"名侦探容妈妈"系列让"容妈妈"通过侦察与反侦察的推理脑洞，加上电影007的悬疑紧张刺激的配乐，全程引导观众的思维和情绪，有效地把"家庭冲突""犯了错能否被母亲发现"这些元素巧妙地穿插在剧情中，让人在爆笑的同时，也会反思自己的家庭关系。

另外，在拍摄这种视频时，作者也可以适当加入一些正能量的剧情。例如"零号客房"，在这个系列中，创作者将自己包装成一个旅店老板，在他的这家旅店中，永远给需要帮助的人留下一间免费过夜的客房，每当有人入住"零号客房"时，镜头里都会出现一些旅人落魄至此的原因。随后落魄旅人与旅店老板之间的倾诉与安慰，总能引起观众的共鸣。

当然，传递正能量无须刻意。在视频中，这种正能量更多是为了引起观众的共鸣，如果你有更好的想法或是点子引发人们的观感，也可以加进去。例如抖音名人"是老胡没错"，在他的作品中，常常出现反鸡汤、反现实的黑色幽默，来讽刺一些"公司强制加班""洗脑成功学""为达目的，不择手段"等现代人的生活现状与焦虑的问题，并造成鲜明对比，达到调动观众情绪的目的。

作为玩家，闲暇时掏出手机拍一部作品不难，难的是如何让这部作品成为热门。因此，各位创作者一定要掌握调动观众情绪的方法，并在作品开篇的3~5秒内快速抓住观众的注意力，引导观众看完整个作品。

抖音运营一点通

良好的开端是成功的一半。唯有在视频开头紧紧抓住用户的心，才能使他们有观看下去的兴趣和动力。

至关重要的 15 秒

2013 年，腾讯旗下一款非常有名的产品"微视"横空出世。同年圣诞节，一个名为"Pony"的账号通过微视上传了一条时长为 8 秒的短视频，不到一天时间，浏览量便突破 70 万。这个账号的主人身份非常不一般，他就是腾讯"帝国"的缔造者——马化腾。

微视试图打破此前短视频的规则，将短视频的时间定格在 8 秒，但从后来微视的发展中我们可以得知，微视的这个"8 秒钟计划"开展得似乎并不顺利。因为同一时期的竞争对手，如快手、陌陌等在内的多家短视频平台都将短视频时长设置为 15 秒，包括日后出现的抖音也同样如此。这些平台将规则设定在 15 秒，而非微视一开始所坚持的 8 秒。与 8 秒的时长相比，15 秒显然能给创作者拍摄优秀短视频带来更大的发挥空间，让作品更加引起用户的兴趣。

15 秒，说长不长，说短不短。如何将 15 秒的短视频打造出好莱坞大片的感觉，让其"开头即高潮"，迅速制造一个让肾上腺素飙升的场景，是所有短视频创造者都在殚精竭虑思索的。因为在短短的 15 秒内，创作者不仅要塑造出镜者的人设，同时还要在剧情上"建立期待"，进而让观众的内心产生期待感，并且在作品适当的地方让出镜演员说出引人共鸣的台词或抖机灵的笑料包袱，调动起观众的情绪。对新入门的抖音玩家来说，这些要求想做好其中一点都是一个不小的挑战，更何况要全部满足。

相比十几年前流行的微电影，类似抖音这类短视频平台的玩法更考验创作者对于作品的构造力和把控力，同时比起高大上的微电影，短视频也更加接地气，无论拍摄出来的作品质量如何，但隐隐间已经有了全民参与的迹象。与隐藏伏笔，擅于讨论人性和人文的微电影不同，抖音短视频最大的特点是追赶潮流时尚，从流行音乐、电玩、美食到二次元，这些领域的视频抖音平台上应有尽有。

从前，在智能手机还未普及的年代，想要拍一部微电影至少需要创作者有一个手持 DV，并根据 DV 像素来进行远景与近景的选取和拍摄。但现在，智能手机以及短视频 App 的发展可以让用户随时随地掏出手机进行拍摄，并在手机上就完成剪辑工作，从运镜到分镜，再到远近景自由切换，让更多人在抖音里玩得不亦乐乎，也让很多创作大神在抖音上做出了一番事业。

很多抖音上成名的大神对于如何拍摄好抖音都有各自不同的看法和见解，但这些心得当中有一个观点几乎是适用于所有人的："如果一个视频拍摄时长低于 1小时，就注定不会是个好作品。"这句话很容易理解，你在抖音上看到的每一个抓人眼球的 15 秒，创作者在视频背后几乎都有艰辛的付出。用户看到的每个 15 秒钟，创作者所投入的拍摄视频素材的时间就需要 1 小时，甚至更长。这还不包括剧本的开发以及后期的剪辑工作。

而且，很多好的点子也并不是想拍就随时能够拍出来的。这需要天气、场地、人员等方方面面的配合，而作为视频的主创者，这些东西都是需要你自己从中安排、协调的。如果协调得不好，势必会影响整个拍摄工作的进度。

也许介绍到这里，有很多读者朋友心里会产生疑惑，就算抖音比微电影更接地气，但这种"拍摄门槛"也未免太高了吧。真的会有那么多人在一个周末抽出一天的休息时间用来拍摄一部视频作品吗？是的，这种人肯定有，而且并不少。不过抖音的门槛却没有人们想象的那么高，尤其是对于新人来说，入门并不是一件太难的事情。真正涉及高门槛的地方，其实是已经进阶成为大神后需要考虑到的事情，其中最关键的在于内容创意。

那么对于刚入门的新手而言，如何拍摄好 15 秒的视频呢？首先就是练习，不只练习自己所掌握的拍摄技巧，同时也要练习拍摄的手法和角度，当你能够炉火纯青的通过手机拍摄出让自己满意的素材时，你的作品被剪辑出来时也就同样可以非常"炫酷"。

例如抖音目前十分流行的"卡点玩法"，根据一段富有节奏感的音乐进行视频创作。如何将视频素材与音乐相结合是玩家需要考虑的地方，在熟悉配乐后，拍摄出来的作品一定要卡准节奏，这需要创作者具有比较高水准的拍摄和剪辑手法，能够在卡点的时候做好链接，即便不能做到天衣无缝，至少也不能让人感觉到视频与音乐搭配在一起有些别扭。如果达不到，那就只有多花时间去练习拍摄技巧，争取能在 15 秒内为用户呈现出有意思的作品。

如果是天生没有乐感的玩家，也不用发愁，玩不转"卡点视频"，也可以试着学一学抖音上热门的简单舞蹈，例如之前抖音流行的"c 哩 c 哩舞""手指舞"和"海草舞"等等，这些舞蹈动作简单，即便是没有舞蹈基础的玩家稍微多花一点时间，也能够轻松还原，简直就是专门为新人玩家所设计的。不过，这些舞蹈虽然流行，但也不能一直跳下去，因为这些舞蹈看得多了，确实很容易让用户产生审美疲劳，甚至是厌烦。

另外，抖音官方也会不定期发起一些有趣的话题活动，帮用户寻找新灵感，甚至是动作模板，来刺激用户参与挑战贡献内容。如果遇到灵感和创意的空窗期，那么创作者们不妨参与这些抖音官方的活动，拍一些时下最流行的热门作品。但要记住的是，这些活动的视频往往都只有 15 秒或者更短的时长，想要从千万用户的竞争中突出重围，那么在拍摄视频时，我们必须要在里面加入一些可以瞬间抓住用户眼球的点子。

从事抖音短视频，必须要把握好每一个 15 秒，在作品里设计出有趣好玩的内容。同时，你的文案，配乐的选择，视频录制以及后期剪辑也都需要付出很多。只有将这些做到极致，才有机会成为万众瞩目的抖音网红。

♪ **抖音运营一点通**

抖音短视频的主流玩法是拍摄的视频只有 15 秒的时间，只有在极短的时间内吸引到受众人群的关注，你的短视频才能产生热度，才会上热门，让更多的人看到。

多想想原创，别总想搬运

在抖音，按照作品出品性质划分的视频只有两种，一种是原创（包含创意模仿），一种是搬运，其中直接从外站转载属于搬运，而将外站素材搬运前进行二次加工的属于伪原创。抖音发展到今天，无论平台还是用户对于喜欢什么样的视频都已经有了一定的认识。早期，抖音平台刚建立的时候，为了打造社区和流量池，吸引更多玩家入场，因此对于作品的内容、形式，是否原创几乎是不过问的。换句话说，当时入驻抖音的玩家，只要作品里不出现一些低俗、黄色、造谣等底线性问题，抖音基本是不管的。

然而时过境迁，当抖音的用户量逐渐追赶乃至超越快手的时候，为了保持抖音在行业里的竞争力，抖音官方开始了多次对搬运视频大清洗的工作。虽然清洗工作量很大，并且零星的会出现一些漏网之鱼，但总体而言，抖音目前的环境要比之前"干净"不少。因为那些外站搬运的没营养的视频早已在多次自检中被官方删除，那些搬运严重的账号也连带着遭到封禁。

原则上，抖音是一个容纳百川的短视频平台，只要短视频作者严格遵守互联网的法律法规，不创作一些涉及"黄赌毒"等相关的作品，都可以在抖音平台上发布，但这其中并不包含非原创视频。抖音限制非原创视频的主要原因有二：第一，保持平台的原创性，过多的搬运视频会导致平台逐渐失去竞争性和趣味性，试想，如果抖音一直都不做出改变，现在又如何在与快手的交锋中取得优势呢？第二，如今各行业的版权意识日趋成熟，国家对侵权行为的处罚也越来越严重，因此也使抖音平台对于外站搬运的侵权作品不得不重视起来。对于那些搬运行为较轻的用户，抖音会通过后台发送警告，并列入重点观察区。如果账号持有者不进行整改，那么后续抖音将会"重拳出击"，对存在违规行为的用户进行限流、封号等处罚。

对于搬运的内容，目前抖音平台实施的管控方法主要有两种：第一，在视频发布的时候，用计算机检测视频的内容（时长、视频码率等），如果是从网络上下载的，并没有进行过二次加工，直接上传到抖音平台，那么这种很容易就会被系统检测到。第二，抖音加入了"举报"功能，对于内容存在搬运或其他违规行为的账号，其他用户可以直接对其进行举报，举报的记录会被反馈给抖音官方工作人员，一旦核实，抖音便会对被举报的用户进行处罚。

不可否认，现在的确还有一些人在进行着纯搬运，并且有些视频也上了热门推荐。但总体来说，纯搬运这条路在未来的两三年之内，会在短视频行业的发展中被全部封堵。

而对于伪原创作品（对原搬运作品进行二次加工），抖音的态度还是比较温和的。毕竟伪原创也需要一定的技巧，并且从版权上来讲，这种二次加工，只要混剪做得好，再配一些音效或者解说，那么在版权的界定上就很难说成是侵权。不过，这种伪原创的做法也仅仅是给一些刚入门的新手提供一个玩抖音的思路而已。如果下定决心想要长期在抖音平台发布作品，那么最好还是选择原创视频，即使你的"原创"是对其他作品的"翻拍"，哪怕情节、台词都一样，抖音官方也不会去找你的麻烦。

另外，在原创与非原创的作品之间进行流量扶持，抖音也会更照顾前者。不信的话你完全可以在一个新号上试一试，同时发布两个视频作品，一个为原创，另一个则为搬运，大多情况下，原创视频的播放量都会比非原创视频的播放量要多。

抖音运营一点通

如果有拍摄原创视频的能力，就尽量远离搬运，后者的行为并不被抖音官方所支持，还可能面临封号的处罚，并且一不小心就有可能触犯法律，与视频原创者对簿公堂。

利用内容差异化实现突破

作为一名抖音玩家，如果你想拥有更好的发展，就必须清楚内容差异化的重要性，并将这种差异化带进你的作品之中。如今的抖音早已不再局限于唱歌跳舞，很多新奇的玩法也获得了用户追捧。与早期火热的天涯论坛相似，抖音平台具备了一定的 UGC（用户原创内容）特性，无论什么样的内容，都有可能在平台上火起来。这给了所有玩家公平竞争的机会，只要创作的内容新颖有趣，就有机会受到更多人的关注。

如何抓住当前流量新势力打造爆点视频？抖音上的许多玩家都给出了自己的答案，2019 年 6 月，一个抖音 ID 为"懂车侦探"的玩家，其创作的作品越来越多地出现在热门推荐中。几乎只用了短短一个月的时间，就涨粉 1100 多万。在"懂车侦探"的作品中，真人出镜的演员具备鲜明的"侦探"人设形象，视频以汽车知识科普内容为主。懂车侦探的视频以穿插故事剧情的形式，帮助车主远离购车及用车的危险，告诉粉丝避开 4S 店合同陷阱的一些实用性的解决方法，让粉丝全面提高警惕性。"汽车知识"加"悬疑破案"，这两个看似完全不搭边的领域被主创人员完美地融合在一起。他的视频常规内容表现为，车主面临被骗局面，主人公基于对该"案件"的认知，通过分析"案件"，阻止车主被骗，并总结原因，告知车主解决办法。这种故事型的内容方式在抖音平台谈不上新奇，但目前来说还是较为少见的，同时汽车和破案的组合也让作品具有很强的差异化，更能引起观众的兴趣。

抖音里，类似"懂车侦探"这种依靠剧情类视频走红的玩家数不胜数，似乎正向人们预示着一个新信号："剧情加模式"可以给用户带来更强烈的新鲜感。这种形式的视频更像段子的演化，并强调情节反转，具有很强的煽动性，可以更快地调动起用户的情绪。对于新入门或者是涨粉遭遇瓶颈期的抖音玩家，如果在作品的创作上暂时没有什么方向的话，可以尝试着在作品中加入一些剧情，增加作品的差异化和新鲜感。

除此之外，玩家们也可以根据自身情况打造自己专属的"差异化战略"，例如，我们可以从内容上做到更加细分来标榜自己的独特性。想要解决内容同质化的问题，玩家就必须向更细分的领域深入探索。所有具有差异化的细节和特点，都可以当作视频创新的切入点进行尝试。在抖音上，这种通过录制差异化内容的视频有很多，以"街头采访"为例，当初以一个视频捧火"成都小甜甜"的"成都最街访"，该账号的主创团队在塑造差异化标签的时候刻意选择了被采访对象的高颜值，打开"成都最街访"的主页，映入眼帘的封面清一色的都是高颜值的美女，虽偶有男性出镜接受采访，但这样的作品并没有占据多少比例，而在内容的打造上，"成都最街访"的采访话题则多数向着生活中羞于讨论，或碍于各种原因不想正面回答的问题进行延伸和扩展，话题争议性较大。在满足用户好奇心的同时，极力制造矛盾冲突点，让用户参与到话题的讨论（争论）当中。

抖音运营一点通

积极的创新和突破才有可能重新洗牌现有的格局，唯有将最能体现自己差异化的点放大再放大、加强再加强，才能让自己在领域中独树一帜。

适当增加一些互动性的内容

自从 2018 年 Netflix 公司推出了一部《黑镜·潘达斯奈基》的科幻电影后，"互动视频"这个词便开始频繁出现在大众视野中。其实，早在多年以前，互动作品的概念就已经被提了出来，只不过一直以来这种模式并未被重视，直到 Netflix 利用自身的影响力率先将这种互动模式推向了更大的市场。虽然很多观影网站上网友对于《黑镜·潘达斯奈基》的评分普遍不高，但这并不意味互动视频在未来毫无出路。相反，从《黑镜·潘达斯奈基》上线之后，国内很多 UP 主已经开始尝试在自己的视频作品里加入这种既有趣好玩，又能增加用户沉浸感的元素。

这种互动视频做起来具有一定的难度，创作者除了要具备熟练的剪辑技术，还要有深厚的编剧能力。要不然，会导致镜头切换生硬以及故事缺少连续性，而这些容易让观众感到"跳戏"。并且，这种互动视频的时长普遍很长，如果没有巧妙的设计是很难压缩的，与目前抖音流行的 15 秒视频时长难以匹配，但这并不意味这种互动性的模式就不能融入抖音平台。

我们知道，尽管目前的主流短视频时长为 15 秒，但像李子柒、李佳琦、许君聪这种大神级别的 KOL，他们 1 分钟或者时间更长的作品仍然受到许多粉丝的追捧。从某种程度上来说，15 秒时长的概念只是短视频行业为吸引更多入门级玩家而设置的门槛，毕竟相比于让一个零基础的短视频玩家独立拍出 15 秒的作品肯定要比让他们拍摄出一段 3 分钟左右有剧情、有内容的作品简单百倍。而一旦你迈过了这道门槛，并且聚集了一定数量的粉丝后，你也可以试着录制、发布一些能够承载更多信息和内容的长视频。

目前，这种纯互动式的视频在抖音几乎没有人去做，如果你对自己的编剧能力和运营技术自信满满，那么你完全可以挑战一下纯互动式视频，说不定在抖音凭借这种玩法你也能够引领一个潮流。

如果你的才华暂时还撑不起这种玩法，但你的确对互动视频产生了兴趣怎么办？不用担心，你可以从一些最基础的互动视频开始做起。例如 2020 年春节流行的一种基础互动玩法：先是出镜者对着镜头说一句"用手指按住视频并上下滑动"，然后出镜者做出喝水的动作，并故意用手上下摇晃水杯，让水溢出杯子，给正在用手指上下滑动手机屏幕的用户营造出一种有趣的参与感，仿佛真的是自己的手指操控了水杯上下摇晃一样。类似这种创意还有很多，例如吃薯条，吃爆米花，做蹲起等，玩法都一样，此处就不再一一赘述。

对互动式玩法感兴趣的朋友不妨打开抖音，输入"互动视频"，亲自体验一番，并决定自己是否也可以加入互动视频玩法的行列。

抖音运营一点通

> 互动视频是无数创新的抖音玩法中的一种，它更容易培养人与人之间的关系。想要制作这类视频，我们需要注意的是内容只是载体，社交才是本质。

在视频结尾处制造悬念

经常看电视剧的读者朋友可能早就发现了一个现象，在很多电视剧的每一集结尾处都会留下一个小悬念，这种做法其实是电视剧的出品方为了提高下一集收视率和保持话题热度而耍的一个小手段。

如今，这种小手段被很多人应用到抖音作品里，其中用的较为熟练的有"我是小明""大侦探"等主打悬疑推理类领域的账号。除此之外，也有一些玩家将自己拍摄的作品分为上下两部，并在上部的结尾处设置悬念点。这样做的好处是可以引导用户关注视频作者，使其期待作者的下一部作品。不过需要注意的是，使用这种上下集的形式时，一定要在视频标题里做明显的提示，让用户第一时间就知道现在看到的只是上集，这样才能利用用户的好奇心去关注作者下期的视频。

另外，也有一些视频作者利用标题设置悬念，通常是标题只说一半，例如"震惊，我家的萌宠竟然背着我……""在街上遇到一个可爱的小姐姐，想上前要联系方式，结果……""宝妈失业被逼离婚，无奈从事……"是不是每个标题，你都有想将视频看完的欲望？没错，这就是"标题党"平时设置悬念的一些小套路。在这些套路的攻势下，用户势必会产生猜疑，并对视频中接下来发生的事情产生一种期待。

想要营造出一种紧张、悬疑的氛围，那么合适的配乐也必不可少。例如在知乎上被无数网友奉为"童年阴影"的电视剧《少年包青天》中的配乐《误入迷失森林》；由周星驰主演的电影《回魂夜》的惊悚配乐；由山冈晃所创作的《promise》，都是不错的选择。利用这些经典的惊悚配乐可以在烘托气氛的同时，不经意间给之前接触过这些音乐的用户来一波"回忆杀"。

当然，俗话说得好"做戏做全套"，如果你能够将剧情、设置悬疑点、标题、配乐等方面都做得很好，那么不用怀疑，用不了多久，你就会成为抖音的大神。

抖音运营一点通

神秘、设置悬念也许是所有视频种类中最能吸引人的一种方式。不仅能抓住观众的心，同时也能让观众产生期待感，期待视频作者推出下一部作品。

抖音文案剧本的"雷区"在哪里

娱乐的底线是不触碰他人的生活边界，这是基本的尊重。但是不得不说，一部分创作者在创作演出剧本的时候，都没有这个意识。例如，之前抖音上流行的"炫富摔"，这种玩法出现过很多版本的视频，从内容本质上看都是大同小异，无非都是摔倒后从身上的口袋和随身携带的包里散落一些手表、相机、高档化妆品等奢侈品。也有一些人对所炫的东西进行了升级，其中有炫各种专业证书的，有炫小孩子玩具的，也有炫多年珍藏的手办的。不过，绝大多数人在拍摄这个视频时都将场景放在了家里，但也有一些人偏要到街上去录，影响行走的路人不说，还影响了正在工作的环卫工人。对于这些行为，即便抖音官方没有明确禁止，但也不建议这么做。

除此之外，还有一些人创作视频时，总是想彰显自己的小聪明，例如一些在工地干活的工人总是抖机灵做一些让人目瞪口呆的操作来证明自己的"艺高人胆大"，但实际上这些行为都是施工单位明令禁止的违规行为，极容易造成生产事故。

抖音平台并不是不能"炫技"，但炫技的前提是该行为没有安全隐患，例如"书画""转笔""拼图""叠纸牌"等技术都可以随时随地拿出来"炫"，而非那些"背手骑车""饮水机煮火锅""酒精灯易拉罐自制爆米花"等，这些内容中展现的行为极有可能造成危害人身安全健康的事故。例如，抖音上风靡一时的在门框处贴透明胶带整人的玩法，就有一些人在模仿时导致同伴受伤。

除此之外，在创作视频文案时，我们还应树立良好的三观，正确的三观不一定能帮你获得更多的粉丝，但一定能让你的短视频道路走得更稳。例如，抖音玩家经常会刷到这样的作品：视频里面爸爸牵着女儿的手走在一起，儿子跟在后面。

或是爸爸和女儿玩在一起，儿子在旁边看着没人理。又或者爸爸给女儿很多礼物或者吃的，儿子在后面眼巴巴地看着。然后视频的标题文案是"女儿是爸爸的小情人，儿子才是意外""女儿才是宝，儿子是充话费送的""女儿是小公主，儿子是苦力"这类的言语。

"男女平等"不单单只是一句口号，更是我国的基本国策，真正的男女平等，是公平地对待每一个孩子。有爱也有教，有柔情也有严厉，可以根据性别不同因材施教，但不会因为性别而另眼看待。不管男孩女孩，生下来都是自己的孩子，都需要爱与培养，并将这些贯彻到日常生活的点点滴滴中。所以上述抖音作品的内容除了能在一时博人眼球，时间久了绝对会惹人生厌。

♪ 抖音运营一点通

> 优质的短视频往往都是传播正能量的，而非各种打着开玩笑的名义，去做一些伤害他人的事情。

内容自律，严守抖音底线

2018 年 7 月，针对短视频行业存在的大量不规范内容，抖音平台积极响应国家"剑网 2018"专项行动号召，通过自查、用户举报等方式，下架数千个侵权、违规的视频，并永久封禁了一些严重违规的账号。经过这次净网活动，让很多抖音短视频玩家清晰地明白了一个道理：无论哪个平台，都不能随心所欲地发布作品。那些为了吸引眼球、获得流量而不断突破下线、违背主流价值观的产物，也许能够博得一时的关注，但天网恢恢、疏而不漏，这种违背正确三观的作品早晚会被平台查封。在抖音，以下这些红线是玩家绝对不能碰触的。

1. 反对宪法确定的基本原则的。

2. 危害国家安全，泄露国家秘密的。

3. 颠覆国家政权，推翻社会主义制度，煽动分裂国家，破坏国家统一的。

4. 损害国家荣誉和利益的。

5. 宣扬恐怖主义、极端主义的。

6. 宣扬民族仇恨、民族歧视，破坏民族团结的。

7. 煽动地域歧视、地域仇恨的。

8. 破坏国家宗教政策，宣扬邪教和迷信的。

9. 编造、散布谣言、虚假信息，扰乱社会秩序、破坏社会稳定的。

10. 散布、传播淫秽、色情、赌博、暴力、凶杀、恐怖内容或者教唆犯罪的。

11. 危害网络安全，利用网络从事危害国家安全、荣誉利益的。

12. 侮辱或者诽谤他人，侵害他人合法权益的。

13. 对他人进行暴力恐吓、威胁，实施人肉搜索的。

14. 涉及他人隐私、个人信息或资料的。

15. 散布污言秽语，损害社会公序良俗的。

16. 侵犯他人隐私权、名誉权、肖像权、知识产权等合法权益的。

17. 散布商业广告或类似的商业招揽信息、过度营销信息及垃圾信息的。

18. 使用本网站常用语言文字以外的其他语言文字评论的。

19. 与所评论的信息毫无关系的。

20. 所发表的信息是毫无意义的，或刻意使用字符组合以逃避技术审核的。

21. 侵害未成年人合法权益或者损害未成年人身心健康的。

22. 未获他人允许，偷拍、偷录他人，侵害他人合法权益的。

23. 包含恐怖、暴力血腥、高危险性、危害表演者自身或他人身心健康内容的，包括但不限于以下情形：任何暴力或自残行为内容；任何威胁生命健康、利用刀具等危险器械表演的，危及自身或他人人身及财产权利的内容；怂恿、诱导他人参与可能会造成人身伤害或导致死亡的危险或违法活动的内容。

24. 其他违反法律法规、政策及公序良俗、干涉抖音正常运营或侵犯其他用户或第三方合法权益内容的。

除了 24 条硬性规定，抖音官方管理人员也在日常的运营中有效控制非原创、有水印、站外引流、招揽信息、曝光商标、视频营销、口述引导、视频模糊、产品 Bug、静止视频、3 秒以下以及观看后让人感觉极度不适等视频。

同时，在抖音内容审核规范里还注明了一些行业不能出现在视频作品中，其中包括彩票资讯以及其他彩票相关业务、社区社交或相亲类产品、生活美容护肤机构、保健品、新闻资讯类产品。

此外，很多敏感词汇也是受到抖音严格管控的，例如"买了个包""滚粗""特么""智障"等带有侮辱意味的粗俗用词；"恭喜中奖""点击免单""免费领取"等疑似存在欺诈用户的词语；"跳楼价""秒杀""甩货"等明显具有诱导用户消费的词语；"约吗""一夜情""性生活"等淫秽字词；"算命""报应""地府""线上赌场""赌钱"等赌博迷信的词汇；"打、砸、抢、杀"等宣扬恐怖暴力的字词；"洋鬼子""高丽棒子""杂毛"等民族、种族、性别歧视等用语。以上这些字词都在抖音重点查封的范围之内。

♪ 抖音运营一点通

入驻抖音之前，玩家务必了解平台的机制和规则，谨记互联网法律法规，千万不要触碰抖音官方的红线。否则严重时，玩家很可能在没有得到抖音官方后台提示的情况下，账号就被"永封"，所有作品全部被删除，之前所做的一切努力瞬间清零。

选对内容形式，让你的作品天天上热推

抖音给了无数素人自我展示的舞台，但对于 4 亿的日活跃用户来说，这个舞台并不大，无法让每个人都出现在闪耀的镁光灯下翩然起舞，想要让自己的作品成为热门，被官方推荐，就必须要掌握其中的方法与诀窍，只有沉下心来，将"作品"打磨成"精品"，才有机会近距离接触舞台。

目前，能上抖音热门的绝大多数都是个人原创作品，并不拘泥于某个领域，但要求场景、画面清晰，且内容积极向上或者搞怪有趣。也许一些从未上过热门的玩家会感到委屈，"我也是这么做的呀，可是为什么一直没有上热门？上不了热门也就算了，就连播放量和互动都少得可怜。"

其实，如果你不是明星大 V，自己身后没有强大的粉丝后援团，那么你在创作作品的时候就必须加入更多迎合用户口味的内容。例如：

1. 将"蹭热门"进行到底。

抖音不但能将素人捧红成名人，也能将一些已经快要被人们淡忘的音乐旋律再次推向热门。说起抖音走红的音乐，就不能不提一个名字——邓紫棋，她的多首音乐作品都曾在抖音流行过，例如《泡沫》《光年之外》《来自天堂的魔鬼》《我的秘密》等歌曲都曾被很多用户拿来当成配乐，加到自己的视频作品中。

邓紫棋不仅歌红，在抖音上，她也是一名粉丝数量接近 4000 万的超级明星。因此，很多玩家在拍摄视频时纷纷打起了邓紫棋的"主意"，有人盘点邓紫棋的出道经历；有人则在抖音上利用"合拍"的玩法与邓紫棋同屏；更有甚者，在网上查询邓紫棋近期的行程和演唱会，不惜跨越大半个中国，也要跑去看她的演唱会。这些拍摄与邓紫棋相关作品的玩家着实火了一批，收获了不少粉丝。

2. 参与官方挑战。

参与官方挑战也是抖音上热门的一个小技巧。在抖音"消息"页面中找到"抖音小助手"，点进去就可以看到非常多的挑战话题。选择一个你感兴趣的挑战，然后拍一个视频上传即可。这些都是抖音官方筛选出来的热门挑战，如果你的视频内容足够精彩，上热门的概率也非常大。

除了参加官方挑战，也可以接受评论区里有人提出的挑战。比如抖音里因挑战玩法而出名的"玲爷"，她就是通过不断接受粉丝提出的有趣挑战，继而从一个寂寂无闻的抖音新人一跃成了拥有 1500 万粉丝的大网红。

3. 发布定位。

当玩家剪辑好视频准备发布时，可以在视频中添加自己的定位。因为抖音有同城的流量池，也就是说，如果将定位设置在人口密集度比较高的地方，那么他发布的作品也更容易被附近的人看到。

另外，在什么时间段发布作品也是有讲究的。根据抖音短视频 App 发布的《2019 年抖音大数据报告》显示，抖音短视频 App 用户的活跃高峰期有如下三个：分别是午高峰（12—13 点），晚高峰（18—19 点）以及夜高峰（21—22 点）。在这三个日活跃度高峰期时，午高峰和晚高峰是抖音用户最爱点赞的时间。另外，数据还显示，饭前和睡前是抖音用户最多的使用场景，有超过 60% 的抖音用户会在这段时间内刷视频。而在周末或者其他节假日时，点赞的概率也普遍超过平时。因此，短视频创作者们可以考虑将视频发布的时间定在节假日的午高峰、晚高峰或是夜高峰。如果是创作频率较高的玩家，则不必将作品放在周末，随时都可以在每天的高峰时期发布作品。

当然，最终的具体发布时间也要与本人的视频内容相结合，例如你是一个美食类的创作者，那么无论是做吃播还是教别人做菜，其内容都不适合放在夜高峰发布，因为在这个时间段人们普遍已经吃了晚餐，故而美食所能起到的诱惑大大减少。但如果将这类视频放到晚高峰发布，可能结果就会不同。因为在这个时间段，刚好是多数人下班坐车回家的时候，他们饥肠辘辘，如果这时候刷到了你刚刚发布的视频，肯定会更加容易引起他们的注意力。

又或者，你是一个情感类的视频创作者，你将视频发布在白天或是晚上绝对不如放在夜间更有效果，因为这时候，洗了澡独自躺在床上的单身男女，内心的防线是最脆弱的，也更容易被一些情感内容调动起情绪和眼泪。

总之，你选择什么时间发布，要根据自己的情况而定。也可以通过实践去探索最适合自己作品发布的最佳时间。

抖音运营一点通

好的内容能够满足当下人们的本质需求，如提供技能指导的干货、提供心灵安慰的鸡汤以及解决焦虑的热点评论等，想要持续、稳定产出优质内容，一定要围绕既定标准进行创作。

硬核玩家访谈：当美食遇上武侠，华丽特效下的饕餮盛宴

图3-1　"吃货小小豆"抖音主页面

武侠是中国特有的文化，有关武侠的话题，恐怕很多人想要一吐为快，却又不知如何表达。于是，一些才华横溢的人将自己对武侠的热爱以一种浪漫且文艺的形式创作出来，呈现给世人观看。例如已故作家金庸先生，他笔下风雨飘摇的江湖便是无数人心目中难以磨灭的经典回忆。

在抖音上，有关武侠题材的短视频作品比比皆是，但是能在作品里清晰表达出自己的想法及观点并且玩出花样的创作者并不多见，而"吃货小小豆"就是为

数不多的优秀玩家中较为知名的一位女侠。

从账号名字来看，小小豆无疑暴露了自己具有超强的"吃货属性"，丝毫没有隐藏和伪装的成分，直接摊牌，诚意满满。小小豆的作品趣味十足，并且每一部作品里都加入了大量炫酷的特效画面，配合着用功夫做菜的剧情，令人目不暇接。尤其是作品里女主角小小豆那一套行云流水的武术动作，简直就是周星驰电影作品《食神》里"史蒂芬周"少林学艺后的翻版。

"我们不仅是在缅怀经典，同时也在创作中尝试寻找属于自己的风格"，小小豆从小就对武侠电影充满兴趣，后来这种兴趣也逐渐成为一种习武的动力。小小豆出生于杭州的一个普通家庭，父母都是勤劳朴素的普通工人，在家庭教育上，父母并没有给予女儿太多的建议和指点。倒是小时候寒暑假期间总去杭州郊区的姥姥家玩耍，让小小豆在与姥姥、姥爷相处的时光中迷上了太极拳。小小豆还记得，那时自己总是早起跟着姥姥去公园里和一群姥姥一起练太极。去的次数多了，小小豆也在"姥姥团"的熏陶下学会了一招半式。虽然招式并不华丽，但这份经历却让武术梦的种子在其幼小的内心深处生根发芽。

大学期间，小小豆利用课余时间学习武术。小小豆去武馆报名也特别有意思，她刚出现在武馆门口，就被武馆里一群正在练武的大老爷们行了一次注目礼，这让小小豆羞得想要找个地缝钻进去。好在馆主的女儿及时出现给她解了围。让小小豆感到意外的是，馆主的女儿竟然和自己是一个系的同学，经常能在大教室碰上。虽然两人之前没什么交集，甚至连话都没有讲过一句，但这种同学的情分让两个人很快成了无话不说的好闺蜜。在闺蜜的帮助下，小小豆也如愿地走上了习武的道路。尽管小小豆现在的武艺并不高强，但用她自己的话来说就是，自己毕竟是正规武馆里走出来的，谁要敢欺负自己，也先要问问她的师兄愿不愿意。

就是这样一位女侠，将自己在现实里热爱的武侠梦植入了作品之中，镜头之下，观众可以看到小小豆飞檐走壁的飘逸，气吞山河的洒脱，虽然这些都是通过后期特效合成的，但习武也有几年的她，往那一站即便什么也不做，自有一股子英姿飒爽的劲。

与小小豆合作共同打造短视频团队的团团哥也有极高的"功夫"，只是他的功夫并非拳脚功夫，而是在影视行业摸爬滚打多年所积累的丰富经验和专业技术，"干一行，爱一行"是团团哥的口头禅，身为影视动画专业毕业的高才生，团团哥在这个行业兢兢业业地工作了十余年，参与过的大大小小的项目数不胜数，其中《哪吒传奇》《小鲤鱼历险记》等项目都是国内观众耳熟能详的 IP 作品。虽然团团哥在这个行业里具有很高的资历，但他本人却很谦虚，用他自己的话说就是"自己的作用最多算是一颗螺丝钉，也就是做做最基础的建模贴图工作"。话虽如此，可团团哥在业内的努力却是有目共睹的，对事业的热爱和奉献成了团团哥连接外界的名片，通过这张名片，让小小豆偶然间结识了团团哥，同时也为后来他们联手创建这个团队埋下了伏笔。

2019 年，由甄子丹主演的电影《叶问 4》上映前的几个月，网络上就有很多自媒体纷纷为其造势，小小豆和团团哥在一次闲聊中发现，两人都喜欢看甄子丹的电影，尤其是这个跨度超过十年的"叶问系列"电影。两人从甄子丹聊到电影《叶问》，又从《叶问》聊到功夫片，由功夫片再聊到中国古代传统武侠……聊着聊着，两人忽然萌生了在抖音上拍摄武侠短视频的想法。两人简单地探讨了一下，发现想法可行，如果做好了，不仅可以名利双收，同时还能圆隐藏在各自内心多年的武侠梦。

二人一拍即合，畅聊结束的当天，团团哥就开始着手策划这件事情，干脆、利落、迅捷，毫不拖泥带水。前期的工作很多，找剧本、做文案、抓定位，当一切策划方向有了眉目时，两人又犯了难，工作量大，资金投入高是摆在他们面前的最大问题。于是两人在商量过后决定先拍出一条样片，然后通过样片联络网络公司来共同孵化这个项目，功夫不负有心人，团团哥通过自己的名声和人脉很快便与一家愿意投资他们这个项目的公司取得了联系，并顺利拿到合同。

有了投资方这面坚实的后盾，团团哥和小小豆不再束手束脚，道具、服装、特效这些投入比较大的方面的难题在投资方的帮助下迎刃而解。于是，这个主要核心成员只有两个人的小团队在抖音开启了他们的侠客梦。

尽管解决了赞助问题，但两人的这场奇幻"抖音之旅"并非一帆风顺。事实上，在拍摄前期的时候，两人就在剧本上产生过一些分歧，小小豆坚持拍摄传统武侠，但团团哥却认为单纯拍摄传统武侠的难度很大，不仅需要好的剧本，更需要专业的武术指导给团队设计动作。不然仅凭小小豆"三脚猫"的功夫是无法独立完成拍摄的。而这些不但会给拍摄来带大笔支出，同时也会影响拍摄流程和进度。最终，在团团哥开出请客吃火锅的条件后，小小豆嘴角的口水使她不争气地选择了妥协。

事实证明，混迹于影视动画行业多年的团团哥眼光确实毒辣，在抖音的玩法和定位上，团团哥看得比小小豆更远。通过长时间对抖音的研究，团团哥认为用"武侠加做菜"的形式更有看点，同时也利于剧本的编写，一个作品完成一道菜的制作，不管菜最后出锅的卖相如何，重要的是给观众呈现出用武功做这道菜的过程。

团团哥凭借自己出色的编导能力，用一道道美食逐渐抓住了抖友们的眼球。在小小豆展现中华武术底蕴的同时，也令抖友们感受到影视后期特效的魅力。粉丝在评论区纷纷抒发这样的观点："你做的菜没有征服我的胃，但特效却'闪瞎'了我的眼睛。""小小豆一定是武术界里做菜最好吃的，厨艺界里功夫最好的。""同款食材已经准备就位，请问哪里可以学习上乘武功？"

小小豆在镜头前大秀拳脚功夫的时候，团团哥也没闲着，在幕后不断利用作品特点在用户间制造话题，宣传"武侠加做菜"的 IP 理念，希望能让更多的人看到他们的视频作品并认识他们。

与抖音上其他的团队相比，小小豆和团团哥的更新速度不快，甚至达不到"周更"，团队成员少是一个原因，但更主要的是团团哥对于作品的品质把控很严，面对粉丝们在评论区里如潮水一般的催更，团团哥是这样回复的："作品制作很慢，我们的资金仅够维持基本运作，弄不出太好的特效，但我又不想让各位粉丝看到'五毛'特效，所以我只能熬夜自己做，一个人做得很慢，希望各位粉丝能够理解。"

粉丝在得知这一情况后，有一些影视、动漫相关专业的学生便自告奋勇，想帮团团哥分担后期工作，都被团团哥婉拒了。"谢谢大家的好意，我很感动。但是真的不用，我自己可以做好的，相信我。如果大家业余时间很多的话，可以多陪陪家人。"

谦虚，严谨，三观正。是很多粉丝对团团哥的评价，能有这样成熟稳重的导演带队，粉丝们心安不少。至少在今后，这个团队出品的作品不会由于价值观不符合社会主流审美而分崩离析。

现在，小小豆用自己的拳脚为他们开辟出了一方天地，在抖音上小有名气。至于往后的路如何去走，是否能在抖音群雄逐鹿的时代大放异彩，就要看团团哥是否能为团队找到打通任督二脉的方法。

问答环节（节选）

作者：嗨，吃货小小豆，你好，很荣幸能够邀请到你和你的团队进行采访。你们团队出品的作品数量虽然不多，但几乎每个作品都是精品，其中包含了武侠、美食、科幻等元素。如果以专业的角度来看，作品中所使用的影视特效非常"炫酷"，至少超越了抖音99%的作品。这种技术流在抖音上往往深受用户的追捧和喜爱，也有很多粉丝在你们作品下方经常调侃，惋惜说"能够制作出这种特效不去拍电影可惜了，分分钟吊打那些五毛特效的影视剧"，对此，你们团队是如何看的？对于进军影视圈拍电影这件事，又是否有了自己的规划呢？

小小豆：其实精品的话算不上，"吊打"这个词更是言重了，我怀疑这是粉丝们有预谋地对我进行捧杀(哈哈)……我们团队的导演团团哥之前在ACG(Animation动画、Comics漫画与Games游戏的缩写）圈子里做了十多年，所以在特效的制作上是比较专业的。不过说实话，目前作品里出现的特效技术并不是我们团队最终交出的成绩单，其实我们在特效这块可以做得更好，但是需要投入的太多，比如特效建模、道具模型，还有视频后期渲染和剪辑等都是需要投入很多精力和金钱的。我们资源有限，所以只能简化很多东西，而且我们团队人数不多，满打满算团队的核心成员只有我跟团团哥两个人，偶尔会有一两个人进入团队一起合作，但都是短期的。这次合作完，下次可能就不会再继续合作的那种。所以我们也没有太多精力去弄这个东西，以一个专业人的角度来看的话，其实特效什么的挺LOW的。

作者：你谦虚了，要知道抖音上绝大多数的玩家都没有独立制作影视特效的技术和拍摄时长超过3分钟短视频的能力。你们团队已经很棒了，而且从结果上来看，虽然你们在半年多的时间里只发布了21个短视频作品，但却在抖音上吸粉超过200万，证明抖友们还是很喜欢看的。我们知道，除了自带流量的明星艺人，很少有"素人"能够取得这个成绩，对此，你们满意吗？

小小豆：相当满意，超过了我们团队之前的预期。尤其是制作啤酒鸭那一期的作品，这个视频上了抖音热门推荐，单这一个视频就给我们的账号增加了80万的粉丝。感觉幸运女神向我们露出微笑了，不过光凭运气的话，我觉得也不行。可能这些作品一直做下来，量变引起质变了吧。不过就算啤酒鸭那期的视频没有爆发，我们也是有思想准备的，总之无论作品取得何种成绩，都要保持一颗平常心吧。还有就是，我们其实发了不止21个作品了，去年刚入驻抖音的时候也发了一些作品，但更多的是在尝试不同的风格，成绩一般，也没有涨多少粉。后来，我们打定主意做现在这种美食加武术的视频时，之前的作品就被隐藏起来了。

作者：哈哈，那这么说岂不是很多新关注你们的粉丝都没有眼福了？之后的话，会考虑将这些隐藏作品放出来吗？

小小豆：放是不能放了，一辈子都不能放出来。

作者：与很多抖友不同，你们从入驻抖音平台开始便选择进行"团队作战"，这种方式并不一定让你们在拍摄视频的时候更加轻松，但相比于多数人的"孤军奋战"，以团队来运作抖音必然是有很大优势的，或许这也是你们成功的原因之一，能和抖友们简单介绍一下，你们团队的分工和工作流程吗？

小小豆：可以的，我现在主要负责剧本，还有服装、化妆以及道具。一般我都是自己化妆的，不过偶尔录制任务太赶了，没时间化妆，我们也找化妆师配合我们。然后刚才提到的团团哥，也就是我们团队的导演，他做的就比较多了，包括但不限于摄影、打光、后期混音、剪辑视频。然后剧本的话有时候也会去看抖音评论区里的评论和私信，粉丝们提出的有趣点子，我们用了好几个了。道具一般都是从网上购买的，有些急着用的道具我们也会自己做。偶尔需要配音的时候，我们也是找人来做，不过几乎没有专业的配音师，主要是花费太大了，之前我们联系过一个 TVB 的演员，想让他做我们的配音，但是对方要价有点高，我们没舍得花这个钱。至于流程的话，就是编写剧本，准备道具，场景搭建，然后基本上就进入拍摄阶段了，拍摄之后再进行剪辑加工就 OK 啦。

作者：看你们的作品，让我想起了周星驰的电影《食神》，这部电影里有些做饭的情景就运用了特效，给人的视觉冲击力很大。不过我发现你们还和《食神》不一样，作品中很少有台词，而且出镜的演员只有你一个人。你们在未来创作的时候有没有想过转型呢？比如加入一些搞笑台词和配角。

小小豆：这个问题我们之前想过很久，也曾尝试过找配角拍摄过几次，但是感觉效果并不是很好，所以目前依旧采用这种方式。加入台词的话，不大好演，整体拍摄的难度提高了一大截。因为毕竟我不是专业科班出身，没什么演技，加入台词的话，很容易尴尬的。我现在单纯肢体语言，就已经可以将整个画面搞得很活跃了。所以暂时还会保持现在的形式。不过现在做饭的形式也不会一直持续的，总拍这些东西，粉丝观众们也会看腻的，我们现在就是边拍边想吧，如果做菜的形式走到尽头了，加入新角色和新的变化形式也都是水到渠成的事情。

作者：是的，一个形式存在太久，观众们肯定也会产生审美疲劳，但是改变风格就会存在风险，这其中的取舍是很艰难的。接下来这个问题我想单独采访一下你们团队的灵魂人物，团团哥你好，刚才小小豆也提到了你之前从事 ACG 方面的工作十几年了，你大学的时候学习的专业也与影视或者动漫有关吗？你能简单介绍一下自己吗？

团团哥：我是浙江理工大学影视动画专业 04 级的学生，毕业之后一直从事动画行业的工作，也参与过游戏开发的工作，主要负责美术这块。国内的一些电影电视剧的特效制作我也做过一些。这两年电商很火，也顺势做了一段时间自媒体的宣传工作。基本上毕业的十多年一直在做和动画相关的事业，只不过这些东西挺杂的。

作者：从你的叙述中能看出来，从事影视行业这条道路的确很难，想做好这行，行业里的知识必须都要精通。我想了解一下，你们那届毕业生现在从事影视行业的人还多吗？有没有在影视圈里成名的同学？

团团哥：据我所知，应该没有，绝大多数人的生活都很平淡，包括我也是，基本都在基层一线工作生活，都是普通大众，没有成名的。都是在公司里任职，也有个别的出来创业了，弄个饭店什么的，对了，还有一个开了一家玩具公司。

作者：如此说来，团团哥算是你们那一届学生当中的佼佼者了，开个玩笑哈。我们言归正传，拍摄、制作一部抖音短视频是很需要时间的，像你们这种3分钟左右的"长"视频，还需要后期加入配音和特效的更复杂，那么你们目前拍摄一部作品的周期大约是多久？

团团哥：剧本敲定之后，大约三四天就差不多了。不过，我们现在还在做一些其他项目，挺分散精力的。所以总体来说，我们的更新速度并不快，甚至说很慢。

作者：当初做抖音项目的时候为什么起"吃货小小豆"这个名字呢？是有一些特殊的含义在里面，还是单纯觉得小小豆是个吃货？

团团哥：主要还是说这个名字比较好记，也利于传播。

作者：作为剧中的女主角，观众们的目光自然也都全部聚集在小小豆身上，如果抛去武侠、科幻这些元素不谈，小小豆的真实厨艺如何，团团哥，你尝过她的手艺吗？

团团哥：吃过，比小作坊里制作的餐食好吃多了。

作者：请问团团哥，你这算是对小小豆的褒奖吗？

团团哥：算是吧……

作者：团团哥，你还真是实在。我现在很好奇，采访结束之后，小小豆会不会用铲子追着你打几条街？下面这个问题我想问小小豆，你们入驻抖音也有一些时间了，对于一直支持你们的粉丝，有什么话想对他们说？

小小豆：我们会继续创作，拍出更多好玩好看的短视频作品，将这些内容呈现给大家，希望能给看过我们作品的朋友们带来一些欢乐。我也希望我们的团队能开始慢慢被了解。还有就是，希望粉丝们平时多运动，少玩手机。注意保护好自己的颈椎和视力。

作者：如果说你们目前的这个项目，在未来的半年或者十个月，粉丝数量突破 500 万，甚至更多。你们会如何处理变现的问题？

小小豆：变现的话会以广告为主，应该不会做直播，更不会做直播带货。我们这个账号的定位跟直播带货没什么联系。至于说粉丝数量，其实我们现在也说不好半年后会是什么样，有可能达到 500 万，也有可能原地不动。这些都说不好，我觉得想这些东西太早了，我们现在就是想先把手头的事情做好，走一步看一步吧。

作者：好的，还剩最后一个问题。抖音是一个开放的平台，它让很多从前从未接触过短视频行业的玩家参与到创作之中，不少玩家想要趁着短视频的风口攫取一波红利，其中有些人已经有了组建团队的想法。那么作为整个团队的领队人，团团哥，你有什么建议想和抖友们说？

小小豆：如果是从客观角度去说，我想说的是，如果没有做足充分准备的话，我个人不是特别建议场外人士往这个风口里跳。现在生活节奏太快了，在这种生活状态下，很多人都开始变得急于求成。我们必须承认的是，从短视频兴起之后无论任何时候，市场都是极度缺乏优质作者和优秀作品的。但是现在抖音、快手很多短视频 App 上的东西大多是千篇一律的。除了模仿，就是抄袭。真正有质量的作品并不是很多。所以对于创作者来说，现在最重要的是要静下心来搞创作，不要浮躁，做到脚踏实地。我个人认为，在抖音上模仿和抄袭的作品没什么出路，如果没有属于自己特色的作品，光做这些东西，迟早会被市场淘汰。还有就是无论道具也好，特效也好，其实都是为了内容服务的，创作短视频其实和拍电影的道理差不多，你要学会讲故事。只有把故事讲得完整，才是一部合格的作品，希望各位抖友不要本末倒置，追求太多外在的东西，而忽略了内容核心。

敲黑板，划重点：本章重点内容回顾

本章重点介绍了建立抖音素材库以及拍摄视频内容的一些玩法和注意事项。做抖音，就是做内容，平台需要优质内容，用户也乐于见到优质内容。什么是优质内容，相信各位读者朋友心里都有一个大概的想法，在不同领域，优质的内容各不相同，但本质上脱离不出两个核心点——有趣、有用。要么你拍出的视频能让观众哈哈一笑，要么就是观众能够从你的作品中学到一些知识，这种知识并不局限在手工类或是技巧类领域，也可以是文学、交通规则、冷知识，甚至是脑筋急转弯。

很多玩家在拍摄抖音作品时，总是在旁枝末节上大费周章，从而忽略了对于内容的精益求精，这种舍本逐末的行为并不可取，应尽早整改。

第 4 章

制胜引流：
流量池裂变，最低成本获粉之道

引流是抖音新手进阶高级玩家的道路上必不可少的一个环节，每个稍有名气的抖音红人都清楚流量的重要性。无论你是在抖音上直播带货，还是在喜欢的领域"用爱发电"，或者是单纯想要分享专业知识，传播自己的学术及思想，其前提都是需要有相应的人群关注。因此，视频创作者除了要做好视频内容，还要学会为自己推广代言，这种宣传自己的行为就被称作"引流"。

什么是抖音流量池

很多玩抖音的读者朋友们想必经常会听到一个专业的词语——"流量池"。单纯从字面上来看，大家似乎对于这个概念都能理解，这不就是抖音用户的浏览总量吗？这么讲固然没有错，但从专业术语上来解释，流量池的含义要比抖音玩家所理解的复杂得多。流量池是近年来才出现的一个新概念，最早出自营销学，指的是流量的蓄积容器，主要是为了防止有效流量流走而设置的数据库。

看到这么专业的解释，是不是顿时感到头大，仿佛一下子便回到了从前玩命背书的青葱时代？不过，请各位读者放心，抖音流量池与营销学概念中的流量池关联并不是很大，因此对于商业的流量池概念，以下不再涉及。

抖音的流量池，通俗来讲，你可以将它看作是一个作品曝光的舞台。举个例子，例如每四年举办一次的世界杯，一支世界杯出线的球队想要最终捧起大力神杯，需要经历三场小组赛，四场淘汰赛，总共七场比赛。更不用说，其队伍在登上世界杯的舞台之前还需要参加多场预选赛。球队必须在世界杯预选赛中取得一个不错的成绩才能进入到下一轮比赛之中。

这与抖音某个作品想要成为播放量超过千万级的作品的历程十分相似，你所发布的每一个作品都像是一个准备从世预赛开始向上冲击的种子球队。只有你的作品被更多的人点赞、转发、评论，你才有可能战胜同级别的作品晋级到下一轮的比拼之中，在一级一级的比拼中，你的作品所取得的成绩如果能一直保持领先，那么恭喜你，这个作品就会像那些取得世界杯出线资格的球队一样，站到更大的舞台（流量池）上，与更多优秀的作品进行 PK。你的作品能否成为爆品除了一定的运气成分以外，剩下的完全就靠该作品是否能在这种层层递进的流量池里比其他作者的作品获得更多的喜爱。因此，想要从最基础的流量池跳到更大的流量池里，全看创作者是否能制作出优质的视频内容，并且保证持续产出。

抖音运营一点通

入驻抖音，就相当于已经进入一个非常巨大的流量池当中。

冷启动流量池大揭秘："养号"能让你拥有更多流量

相信很多接触过 PC 端网络游戏的读者，在开始玩一款新游戏时都会经历一段艰难的过程，对新游戏的玩法不了解，操作水平比不过其他老玩家，并且新建立的账号里什么都没有，所有装备都需要自己投入时间下副本打怪获得，而有些自由度比较高的游戏还存在着类似天赋加点的玩法，有些天赋技能要是点错了，这个号短期之内无法"洗点"，那也基本上就宣告这个号"废了"。这与抖音的运营有着相似的境况，一个新入门的玩家在注册抖音账号后同样面临着没有粉丝，缺少运营经验，不了解平台玩法和推荐算法的窘境，很多抖音玩家就是由于开局没有做出一个很好的规划，导致之后发布的作品浏览量一直不高。

对于每一位抖音新人，抖音官方前期都会给予小额的流量扶持，只是绝大多数玩家都没能把握住抖音官方的这份大礼。想要利用好抖音奉送的这份新人福利，玩家们也要有一定的准备。比如在创建抖音账号的初期，玩家可以在冷启动期内进行"养号"。

对于一些经常上网查攻略、玩法的抖音玩家来说，"养号"这个概念并不陌生。网络上关于"养号"是否真的有效众说纷纭，而抖音官方虽从来没正面回应过这个问题。但根据整体玩家的大数据可以看出，存在"养号"行为的玩家总体上要比没有经历过"养号"过程的玩家能够在前期获得更多的流量。

养号的核心目的提高账号的权重，在流量的分配方面，抖音平台更希望扶持那些正常运作的，具有能够做出垂直内容潜力的抖音玩家。目前，有些工作室及个人将赚钱的目光盯上贩卖抖音账号上，他们通过搬运以及伪原创的内容来批量做号，吸引用户关注，然后再将这些账号卖出去，这种行为是抖音官方不愿意看到的。因此，抖音官方针对这种批量做号的行为，出台了一系列的举措，来降低这种账号的权重。这就涉及一个关键问题，对于新玩家来说，如何启动才能不被抖音官方误认为是工作室的账号。而"养号"就是"自证"的一种方式。

如何养号？

1. 用实名手机号进行注册，而非利用第三方账号授权登陆。

2. 在注册账号前想好自己今后想要创作的方向和领域，并在抖音里搜索这类内容的热门视频，点赞，评论，转发。

3. 在养号的期间内（4—7 天），每天抽出 1 小时左右的时间用来浏览视频。

4. 养号期一过，及时上传自己的第一个作品。

养号期间应注意什么？

1. "一机一号"，且不要频繁地登录登出账号。

2. 不要使用 PC 端模拟器进行登录，这会导致致账号定位不准。

3. 不要用同一部手机批量注册，登录其他账号。

4. 不要大量点赞，甚至很多视频没看完就点赞，且点赞后划走。

5. 不要频繁地修改个人信息。

6. 对某个喜爱的视频不要重复发表评论。

7. 在养号期间，不要发布任何作品。

8. 前几部作品最好利用抖音 App 自带的拍摄功能进行作品拍摄和创作。

除此之外，如果有头条、微博、火山等第三方账号，可以与抖音号进行绑定。实名认证不仅是开通电商橱窗、直播的必要条件，也可以提升账号权重。另外，地区一定要填写并开启定位，同城的流量推荐可能就是助你登上热门的星星之火。

抖音运营一点通

老话说得好，工欲善其事，必先利其器。养号是抖音运营上面相对来说比较重要的一个环节。账号养得好，可以帮助你在同其他新玩家的竞争中，赢在起跑线。

垂直领域下的精准引流

无论你打算以抖商还是抖友的身份入驻抖音平台，想要做好抖音账号，除了作品内容质量过硬，还要注重引流。引流这个词听上去很高大上，但引流的核心却很好理解，分析自己的优势在哪里，然后在抖音平台上批量输出内容，只要你发布的内容有价值，就会吸引更多的人关注你。

抖音看似简单，但其实里面需要玩家注意的细节数不胜数，同样是新人玩家，为什么有些人能在短短三个月内实现裂变，引流变现？每个人成名的方式虽有不同，但遇到的困难和阻碍却是大同小异。那些成为网红的玩家并不是运气有多好，而是这些人将抖音的每一个功能都给玩精了。武术大师李小龙曾说："我不怕会一万种招式的人，我只怕把一种招式练一万遍的对手。"

引流并没有人们想象中的那么难，有些抖音玩家每天都会抽出一点时间去各大论坛、贴吧给自己打广告，并贴上自己的作品。这种方法看似很"蠢"，但长期坚持下去却能取得一定的效果，而且这种引流的方式是完全免费的。一个抖音账号，能否在短期内吸引大量的用户驻足观看，其内容本身是一个因素，更主要的是运营这个账号的人愿不愿意用心去做运营。短视频行业，谁能解决用户流量的问题，谁才有资格站在金字塔的顶端。

除了上述在站外发作品的方法外，我们也可以通过一些小技巧在站内引流。假如你对美妆有着充分的兴趣和技术，那么你完全可以将账号由内而外地进行包装设计，将账号打造成专业的传播美妆知识的账号，账号名字、头像、个性签名都设置好以后，发布垂直类的美妆内容。视频内容也不用很复杂，只需要分享一些自己的美妆技巧和护肤小窍门即可，然后在设置封面时统一风格，只要你的内容质量高于同领域的一部分作者，你就能受到用户的关注，并且这些粉丝多数还都是精准用户。

我们要明白一点，多数人的行为都不是无意义的，用户选择点击关注一个人成为他的粉丝，必然与粉丝的自身需求具有一定联系。作为视频创作者，要想明白这层关系：为什么粉丝会关注自己的抖音号，自己能给那些喜欢自己作品的粉丝提供什么"服务"或者"帮助"。这一点很重要，有些创作者总是天真地认为，只要坚持做好内容，其他的就都交给"天意"了，这种想法其实并不可取。既然下定决心做抖音，为何不连引流也一起做好呢？

就像上文提到的美妆领域，能够关注这个领域的用户也一定是对这方面感兴趣或者说有需求的用户，可以肯定的是，有些粉丝会直接通过评论区询问作者使用的护肤品是什么品牌的，或是提出一些其他的问题。那么作为美妆视频创作者，我们是不是可以在评论区跟对方进行互动，给予对方一些实用的小建议？或者当有人提出不会使用口红、眼线笔等化妆品的时候，我们是否在下期视频里专门出一期作品进行答疑解惑？千万不要小看这些细节，当你真的开始努力与粉丝进行交流互动的时候，你会发现你所做的这些努力都能起到引流和增加用户黏性的作用。

通常情况下，引流的过程都是缓慢的，你不能奢望效果立竿见影，而是要做好长期沉淀和积累的准备。同时，引流也不是一味地哄骗，而是站在实事求是的角度与粉丝进行沟通。只有这样，粉丝才能对你产生好感和依赖，视你为偶像。

抖音运营一点通

引流涨粉是一种表层的东西，真正需要的是你内在的运营思路和方法。引流涨粉是术，术的东西，很多人都知道，也都在做，但怎么样变成道，形成自己的推广涨粉体系，同时，还能保证可持续的转化，这才是最重要的。

裂变：从拼多多到抖音

"裂变"一词常与"核裂变"相结合，但当它与抖音相结合时，裂变涨粉就变得与核裂变一样，具有的威力也相当大。裂变是获取用户最快的方式，但是操作难度也比较高，需要抖音玩家投入大量的精力。

在互联网行业中，最先提出"裂变"概念的当属"微商"和"公众号"，后来这种引流模式被各大电商平台所认可并加以运用，这其中，拼多多平台将这种裂变玩法发挥到了极致，让很多人真正见识到了裂变营销的巨大力量。同时，也让拼多多在不到三年的时间里做到了敲钟上市。

那么拼多多是如何在短期内通过裂变占据市场的呢？首先，与传统的老牌电商平台有所不同的是，拼多多从上线之初就一直在强调"拼团"的概念，并且在拼团这件事上想出了无数的点子和花样，例如一分钱抽奖团、一元拉新团、助力砍价、团长免单、瓜分红包……这些本质上具备裂变功能的活动被拼多多包装成一个又一个吸引用户的活动和玩法，在引诱用户消费的同时也在用户中创造出拼多多的社群文化和"砍一刀""换刀"等平台专属的术语。

一石激起千层浪，拼多多的强势崛起让许多小型电商平台也纷纷玩起了裂变，但没有任何一家电商平台能与"裂变老玩家"拼多多比肩。如今，这种电商领域的经典引流战术也被一些玩家带到了抖音，一场全新的引流之战在抖音一触即发。

抖音裂变玩法与以往的电商裂变大同小异，主要步骤都涉及策划裂变文案、投放裂变诱饵、发放奖励，多数裂变的发起者会以抖音社群为阵地，让更多的用户加入进来，其流程大致如下：

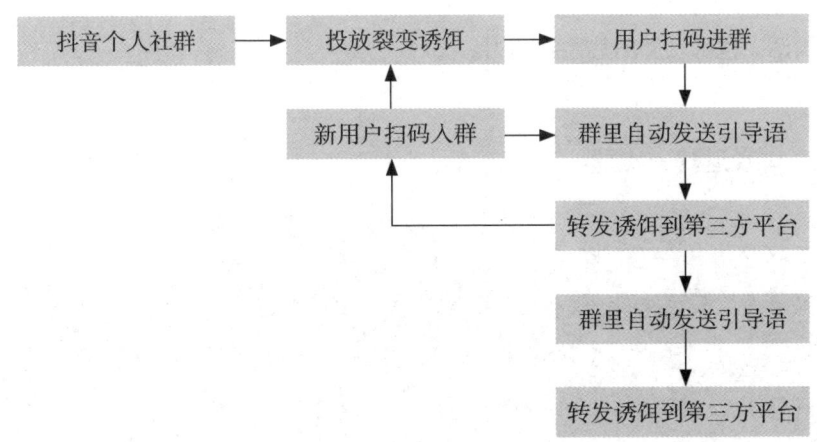

图4-1　抖音裂变引流流程

也有一些玩家在发起裂变引流时会加入一些其他的元素，但整体本质没变，都是通过 1 传 2，2 传 4，4 传 8……这种方式进行扩散与传播，这种裂变方法在抖音各个领域基本都能看到。

例如，成都市某动物园在抖音做场馆直播时，就向直播间里的观众进行过动物园优惠购票活动的讲解，如果是单独购买门票，无论抖音橱窗还是线下售票处的价格都是 40 元一张，但是可以网上搜索动物园的官网，目前门票在官网的售价仅为 9.9 元，但前提需要用户将这个链接分享到微信里，让朋友为自己助力，只有超过 5 人助力，才能享受优惠活动。直播间内成都当地的观众抱着试一试的想法邀请了自己的好友为自己助力，结果真的以不到十元的超低价格购买到了动物园的门票。这笔消费看似划算，可无形之中，自己却成了这个动物园的"隐形推销员"。

在抖音平台，每个玩家都是潜在消费者，同样所有玩家也都是潜在的产品人，找对方法，选择自己认为有效的方式进行裂变，绝对能收到出乎意料的收获。

当然，好的裂变活动并不是一蹴而就的，而是需要账号运营者不断借鉴和参考，通过多次的实践，摸透流程中的每个环节。例如在投放诱饵阶段，针对不同人群，运营者应该拿出不同的奖励方案，例如，如果你是 PS、视频剪辑类等技术领域的达人，可以通过免费领取教程来吸引用户。或者，你觉得教程奖励达不到预期的话，也可以抛出其他的诱饵。

抖音运营一点通

设置裂变活动奖励要量力而行，在运营初期阶段，并不建议玩家自掏腰包来达到裂变的作用，如果可以的话，最好还是送出一些比较容易拿得出手，且与自己视频领域相关的奖励。这不但会降低裂变成本，同时也能起到筛选精准粉丝的作用。

"懒人式"玩法：无须创意，一样能吸粉百万

在"网上冲浪"刚刚走入人们生活的时候，网络上便对"懒惰是否使社会进步"的辩题陷入了喋喋不休的讨论。个别网友提出的观点非常有趣，例如"懒惰推进了艺术文化的兴起，如果不是古代那些诗人无所事事四处游玩，哪会写出《兰

亭集序》《望庐山瀑布》等名留千古的诗篇佳作"；"懒惰推进了科学技术的进步，因此才有了汽车、飞机的发明，取代了人类最原始的走路出行"；"懒惰促进了商业形态的发展，以往人们购物必须亲自出门，有时即使只是为了买瓶酱油，也要在去商店的路上耗上一定的时间，于是，懒得不想出门的人便开始研究电商"。

对于懒惰是否真的促进社会发展，我们暂且不谈，但在抖音上，一些"懒人"玩家却已经找到了"懒人式"玩法的出路，成了玩家中的佼佼者。我们都知道，在抖音想要赚钱的前提是自己首先要具备一大批粉丝，而吸引粉丝最快的方法就是进行引流。那么，对于性格上有些慵懒的玩家，这些"懒人式"的玩法可谓是非常有用的攻略了。

目前，抖音上流行的一些"懒人式"玩法基本上都不考虑创意和技能。也就是说，现实中的你即便没有什么特长，也一样能在抖音上引到流量。抖音主流的15 秒时长注定了很多作品都是建立在"碎片化"的基础之上，因此，我们可以在网上搜索大量的碎片化内容，可以是某些经典名著中的名言警句，也可以是一些抖机灵的小段子。只要这些内容足够优秀，能吸引人们的观看即可。然后直接打开抖音，将你所收集到的文字素材背出来就好了。"懒得背书"的玩家们也可以将这些句子打印或是写在一张纸上放到镜头的后面。很多人一开始在面对镜头时或多或少都会表现得极不自然，录制出来的视频素材看起来有些生硬别扭，这需要自己多花时间进行练习。这并不难，毕竟我们的目的只是为了拍摄抖音作品，而不是上台主持节目。

抖音里的很多网红都在使用这种套路，如果你留心观察就会发现，他们发表的见解并非都是自己的独家见解，而是在网络上流行多时的段子。但就是这些早"说烂"的段子，经过这些人的加工录制成视频，却能收到极好的效果。

除了"说段子""玩梗"之外，"懒人式"的视频也可以做成"社交聊天"的对话形式。这需要我们将找到的一些段子素材改编成实时聊天的形式，这种有趣的对话很容易勾起观众的猎奇心，因为他们想知道当对方抛出一个问题时，视频里的主角要如何接招。参考抖音网红"隔壁老舅"，在他的作品中，背景十分简单，往往是两个出镜的人坐在一张床上进行"灵魂对话"，侄子求教舅舅恋爱的技巧，舅舅则拿出智能手机，通过网络社交现场为侄子答疑解惑，二人表情生动丰富，结尾的反转笑料十足，目前"隔壁老舅"以这种方式已吸粉 180 万。

另外，也可以将有趣的对话用两个手机或是两个微信账号互相发送，并且在互发的过程中，用手机录屏工具将聊天的过程录制下来，最终直接上传到抖音上。这种对话，除了在内容上有一定的吸引力以外，对话式的视频同样需求把控时长。这要求我们在搜集素材、设计对话时就做好对内容时长的把控。最后，在上传视频时也可以根据对话内容想一个有震撼力的标题，例如"七夕节前夕，女友竟然提出了分手……""异地恋三年了，终于解脱了……"类似这样能够调动起观众情绪的标题。

以上是常见的抖音"懒人式"玩法。除此之外还有很多，玩家们也可以自行摸索，在这些玩法的基础上，可以衍生出更"懒"的玩法。

抖音运营一点通

抖音上流行的"懒人式"玩法，完全不需要玩家拥有创意和特长。只需要找准一个方向，持续稳定地输出内容，一样可以在抖音上引到流量。

矩阵法：打造一个能相互引流的抖音矩阵

在抖音，如果你不是"单打独斗"，而是拥有一起并肩作战的抖友的话，那么你们可以将账号与账号之间建立连接，打通双方粉丝，提高彼此的价值，这种团队协作的方式被称为矩阵，已经被很多抖音玩家实践后证明可行。

抖音矩阵主要有四类，分别是个人、家庭、团队、MCN（经纪公司）。以下，我们结合抖音热门账号来分析一下，矩阵的玩法和优势是什么。

个人矩阵：独立的抖音号之间互相客串

在抖音里，个人矩阵是最常见的矩阵方式。相信一些玩抖音的小伙伴都知道"我这该死的无处安放的魅力啊"这句有名的"抖音梗"，这句话经常出现在抖音玩家"美男子顾北"的视频结尾处，后来这个梗被模仿者"美少女小惠"发扬光大。美少女小惠虽然是个模仿者，但不得不说她的表演方式比原创作者更受到用户的欢迎。

不过不同于抄袭，小惠在早期模仿顾北的所有作品中都会 @ 原创作者，以表明自己是在单纯的致敬，对于小惠的模仿，顾北没有表现出厌恶，反而后来两人还成了比较好的朋友，一起同框合作，为粉丝打造出更有吸引力的 CP（Coupling，配对关系）设定。两人也从个人作战的方式转变为报团取暖，经常会在各自的作品中与对方隔空互动，并在标题里 @ 对方。

如今，小惠与顾北除了共同演绎一个剧本外，也在延伸新的 CP 玩法。比如一个命题根据男女差异拆分成不同的应用场景，如顾北将"风油精"应用于网吧，用途是强制盖过其他的异味，而小惠则将其适用于相亲时，作为对相亲对象软性劝退的手段，可以说，两人的创意汇聚到一起无疑发生了巨大的化学效应，让手机屏幕前的用户爆笑的同时，也达到了个人矩阵引流的目的。

另外，如果你在抖音里已经具备了一定的粉丝，那么也可以凭借自己的影响力，给自己引流。例如，目前拥有 1900 万粉丝的"柚子 cici 酱"，该账号是剧情类美妆账号，出镜的柚子在视频中各种打抱不平、为闺蜜出气，展现出霸气侧漏的一面。而小号"柚子吃了吗"是她去各种地方吃美食，另外一个小号"柚子买了吗"则是在线种草账号，推荐各种美妆产品。

柚子作为个人 IP，每个账号都有自己的垂直细分领域，同时，抖音号的关注里只留矩阵账号，小号也会在个人介绍区标注"大号在关注里"。

家庭矩阵：家庭自成矩阵，或塑造家庭人设

抖音号"乔丽娅 Natalia"和"Alex 乔弟弟"是一对国外姐弟，2018 年 3 月份，乔丽娅开始专注于拍摄外国姐弟的有趣日常，这对姐弟俩操着一口不太标准的普通话，在镜头前表演他们在中国的生活片段。

目前，两人的粉丝数量分别是 380 万（乔丽娅 Natalia）和 145 万（Alex 乔弟弟），这其中虽然存在一些重合的粉丝，但他们的粉丝总量不容小觑。

类似这种家庭矩阵（家庭人设）玩法的，还有更为有名气的"祝晓晗"，目前粉丝数已突破 3500 万，视频内容背景设置为家庭场景，常以父女（人设）之间发生的各种搞笑故事为主。不过不同于"乔丽娅 Natalia"和"Alex 乔弟弟"，祝晓晗的标签和人设感明显更为突出。

在祝晓晗的作品里，女儿晓晗的人设是单身、吃货、蠢萌；而爸爸大纯的标签则是有爱、善良、努力工作、爱欺负女儿、怕老婆；而"老妈"这个角色是后来引入这个"家庭"中的角色，通常以画外音的形式出现，她的定位是彪悍、霸道、真正的一家之主。

在祝晓晗火了之后，几乎在她的每条视频标题里，都会 @ 另一个账号"老丈人说车"，视频内容主要是讲述蠢萌女儿祝晓晗与老爸之间的学车故事。虽然"祝晓晗"和"老丈人说车"这两个账号都是围绕父女之间故事发生，但视角不同，前者是女儿视角，后者是父亲视角。两种视角的切换，给粉丝增加了更多新鲜感。

团队矩阵：将垂直进行到底

除了个人、家庭矩阵当中不同账号间的客串助力，打造画风一致的系列账号则是团队矩阵中最明显的一个特色。

团队矩阵中比较典型的成功案例是文弘音乐。据统计，文弘音乐旗下共有超过 20 个抖音号，这些账号的持有者在每部音乐作品中都力求画风保持一致，使用深色背景，搭配同款立麦，不同的歌手唱不同风格的歌，但所有的账号名称都统一标注"（文弘音乐）"。

图4-2　"文弘音乐"矩阵团队

除了旗下风格各异的达人，他们还有一个官方账号"文弘音乐"，目前粉丝量在 589 万。很多视频都是以一个四宫格的形式呈现，由四位风格迥异的抖音达人演唱同一首歌曲，通过剪辑拼接到一起，呈现出对同一首歌不同的演唱方式。

这种团队矩阵运营可以极大提升品牌在平台上的曝光，公司品牌借此在旗下每个抖音账号中刷存在感。由于文弘音乐旗下歌手风格不同但对外呈现方式一致，用户在刷到一个视频后，可能会按图索骥找到其他账号，可能是通过相似的名称搜索，也可能是通过其他歌手在评论区的留言。

MCN 矩阵：新网红运作模式

MCN 矩阵是一种新的网红运作模式，这种模式将不同类型和内容的 PGC（专业生产内容）联合起来，在资本的有力支持下，保证内容的持续输出从而实现商业的稳定变现，MCN 类似于网红的经纪公司，比如早前知名的网络红人"papi 酱"，她的背后就是 MCN 机构在运作。

而在抖音上，MCN 矩阵也被很多经纪公司运用得炉火纯青，以"仙女酵母"为例：这个账号曾在一个月内涨粉 80 多万，目前粉丝数为 1357.7 万，人设是"接听三界电话的仙女"，这位仙女顶着一头精致的卷发，穿着复古宫廷风的长裙，戴各种华丽的帽饰。

我们可以看到，在仙女酵母的视频中，时常会出现其他同一 MCN 旗下的账号，例如以用书本解答问题的吸血鬼伯爵为人设的"猫舌张"，以日常和魔镜对话的女王为人设的"Yuko 和魔镜"……

这些账号拥有相似的魔幻画风和设定，通过这种不定期的互相客串，讲述了她们之间"塑料姐妹花"的故事。互动的过程中，粉丝基数更大的账号"仙女酵母"会给其他两个账号起到导流的作用，由此形成内容矩阵。

矩阵玩法优势：打不过就加入

随着抖音账号运营逐渐精细化，矩阵的玩法也在逐渐增多，矩阵虽然谈不上是成为网红的必经之路，但至少也是一条通往网红道路的捷径。同样做抖音，在别的用户选择团队作战时，我们为何还要独自苦苦支撑？既然矩阵方法能够增加曝光率和起到引流的作用，不如趁早拉个圈子，依靠运营吸引更多的流量。

♪ 抖音运营一点通

矩阵是抖音运营中的高端玩法，要求较高的内容生产能力和流量资源基础，虽然不一定适用于从零开始的抖音账号打造，但是能够形成抖音矩阵的账号都是有相当成功的运营经历的，值得抖音玩家关注和学习。

硬核玩家访谈：让旅行走进生活，将生活融入旅行

图4-3 "峰哥亡命天涯"抖音主页面

"活在世上，就像山坡上一片麦浪在风中荡漾。活在世上，就像一只苍鹰在天空中飞翔。活在世上，就像打麦时麦粒和秫屑飞扬中喝一陶罐水。活在世上，就像两腿夹着一匹马儿，一条腿下夹着一支卡宾枪，经过一个山冈，一个河谷，一条两岸长着树木的小溪，奔向河谷的另一头以及远方的山冈……"

2019 年 9 月，当峰哥读到上面这段话时，他正坐在一架飞往印度首都新德里的飞机上，这并不是他第一次出国旅行，但新德里这个城市却是头一回去。伴随着机舱响起的播报声"The plane has stopped completely, please disembark from the middle entry door, Thank you"！峰哥渐渐地从文字的世界中清醒，他将手中的小

说轻轻合上，装入背包，随后解开安全带，跟随着人流一同缓缓走下飞机。

新德里是印度的政治、经济以及文化中心，也是印度北方最大的商业中心和印度人口居住最多的城市。虽然峰哥乘坐的航班落地时间很晚，已经是凌晨，可他行走在街道上也不会感到特别害怕，还算宽阔的马路上时不时就有车辆缓缓驶过，除了这些为生活日夜奔波的印度人，还有许多牛在街上自由走动。

第一次来印度旅行，尽管来之前峰哥已经阅读了很多旅游攻略，可还是在很多事情上摸不着头脑，不过这并不影响峰哥游览新德里的雅兴。2019 年 9 月 3 日，峰哥总共发布了 8 条短视频作品，记录的都是他在新德里这座城市里的所见所闻，仅这 8 条视频作品就为他带来了 120 万的点赞以及数万评论。峰哥用最真实的镜头记录下了贫穷破败的新德里，随处可见的乞讨者和拾荒者、低到不能再低的物价、瘦骨嶙峋的苦力以及无家可归的流浪汉……即使是印度的首都，这些人的就业问题和温饱问题都无法得到有效的解决，如此情景令那些跟随峰哥镜头看印度的粉丝们惊得说不出话来。

不过，震惊之余，视频中也不乏一些新奇有趣的画面，折合成人民币两角钱一杯的恒河水，在印度电影《摔跤吧，爸爸》中出现过的两元钱五个的略带粪臭味的油炸小吃，距离公共厕所不足十米的快餐摊，售价一元钱一根、用各种果汁调配而成的手工多彩小冰棍……面对镜头，峰哥对这些食物"由衷"地给出了"干净又卫生"的评价，至于味道如何，从他在品尝这些食物时逐渐失控的面部表情就能猜出大概。

不过印度也并非全都是这样贫瘠，在接下来的三周时间里，峰哥带着大家先后领略了泰姬陵、风之宫殿、总统府等地标性建筑，只不过旅途中乘坐的是花 13 元钱车票能坐 400 公里，没有车门的贫民火车；住过 13 元人民币一晚还包早餐的青年旅店；期间还赤膊上阵，亲自走入恒河之中感受"圣水"的洗涤……总之，一路上趣事不少，堪比徐峥、王宝强、黄渤联合主演的电影《泰囧》，笑点不断。穷游虽然艰苦，但峰哥一直保持着乐观的心态，乃至他被狗追了一条街，还能够从容淡定地面对着镜头露出自己的"蜜汁微笑"。

与抖音上多数喜欢拍摄唯美视频的创作者不同，峰哥的作品里则更多是展现出当地人的生活状态。在他看来，所谓旅行就该像当地人一样生活，尝试融入和理解才是最好的体验，正是这种富有哲学智慧的想法，才让抖友们在他的作品中看到了一个城市的多面性。

在峰哥身上，"旅游博主"这个身份似乎并没有表现得"光鲜亮丽"。实际上，几乎所有奔波在路上的旅行者们，都需要付出寻常人无法想象的汗水和艰辛。从峰哥的视频中，我们可以看到，他很少有休息的时候，几乎常年都在路上，这种毅力并不是每个人都具备的。

这次旅行中，峰哥除了在抖音进行更新，也在"Tik Tok（抖音国际版）"上发布了自己的一些作品，巧合的是，就在他发布作品的几天后，在一次观光中还被几名印度大兄弟给认出来了，他们说在 Tik Tok 上刷到了峰哥的视频。这着实让峰哥小自豪了一回，在随后的交流中，峰哥与对方聊起了中国的明星，对方不假思索，直接说出了"Jackie Chan"（成龙）的名字。

峰哥的视频作品不但在抖音上有很高的播放量，在微博和 B 站上，峰哥也算是小红人，全职做短视频以前，峰哥是一个衣食无忧的都市白领，穿着舒适体面的衣服游走于光线明亮的办公区，而非像视频中那般不修边幅，不过这些都不重要，关键是旅行中的所见所闻令峰哥真切地感受到了快乐。

峰哥曾在作品里说："旅行最重要和最美好的部分在于那些未知。"于是，他辞去稳定的工作，独自出发，选择最经济实惠的出行方式去看自己想看的风景，去寻找属于他一个人的远方。

在西玛雅拉山脉感受风雪；在莫斯科红场偷看 Coser；在印度的"Hong Kong market"（香港市场）里讨价还价；在伊朗的街头品尝藏红花冰激凌……在镜头之中，峰哥总是一副淡然自若的表情，即使不懂很多国家的语言，也能通过肢体交流等方式表达出自己的想法。多数人的人生经历都无法复制，但是勇敢可以，关键是你是否愿意尝试。辞职后的峰哥，以短视频的形式，带人们感受着他的毅力、勇敢以及这个世界多元化的面貌。

从 2018 年入驻抖音，到 2020 年，两年的时间让峰哥从默默无闻的旅行者成了拥有百万粉丝的知名旅游博主。虽然与颜值、搞笑等领域类别的短视频相比，记录旅游见闻的博主涨粉的速度相对来说较慢,但这个领域的粉丝却是较为稳定的,他们不会频繁地"路转粉"或者"粉转黑",而是会一直安静地陪在旅游博主身边,从他们镜头捕捉的画面中汲取自己想要的有趣信息和新奇知识。算起来,这也算是旅游领域的粉丝特色之一。因为颜值可以通过化妆和滤镜提高,更多的搞笑内容也只是没有创意的无脑模仿,而像旅游这类知识、信息传播类的东西则很难有办法进行复制和模仿。也许正是基于这种特性,使越来越多的旅游博主将目光投向了抖音,他们通过自己的镜头为抖友们呈现出自己眼中的城市,向人们分享这个世界最真实的模样,而非那种走马观花式的打卡记录。

在抖音,愿意花时间融入当地居民生活的博主不止峰哥一个,他们同峰哥一样,勇敢地抛掷了生活的种种繁杂与束缚,在绮丽世界的风光之下选择为自己前进,抛开世俗眼中根深蒂固的固有印象,去发现那些更具特色的美好。这些是旅游博主们想要通过视频向人们传达的旅行的真正意义,生活不止眼前的苟且,还有温柔的诗篇以及辽阔的边疆。他们奔向远方,不畏将来,不负光阴。

问答环节(节选)

作者:首先,也很突兀,想问下是怎么想到要去旅游的,是爱好旅行吗?

峰哥:我一直很喜欢旅游,从刚工作的时候开始,只要有空,就会四处走走。

作者:录制抖音短视频之前有过出国旅行的经历吗?

峰哥:有,很多。之前一直去菲律宾,马来西亚,印尼……我经常去这些东南亚国家,因为之前一直在潜水。

作者:我看你抖音主页上写的是失业穷游,不知道方不方便问下你在此之前是投身于哪个行业的呢?

峰哥:广告行业。

作者:视频中感觉你很真实,很幽默,而且学识渊博,很多粉丝也是这样认为的。就知识积累这一块儿,在日常生活中你是很注意拓展自己哪些方面的知识,是如何利用碎片化的时间进行学习的呢？

峰哥：知识体系肯定是大块时间读书积累的，靠碎片化的时间只能学一点细节，但是积累不出体系，所以还是需要抽出时间专门读书。碎片化的时间可以丰富自己的细节，比如看新闻或者文章，任何不了解或者陌生的概念，都去查资料学习一下，主要是对事物保持一个好奇心就行了。

作者：的确，好奇心是我们对生活、对未知事物保持热情的主要因素。视频中，你去印度可能有三四次，事实上，你去过几次印度？

峰哥：两次，第一次是去走北部传统路线，德里和瓦拉纳西之间，第二次从加尔各答去了大吉岭，就是喜马拉雅山附近。

作者：我之前读过一本有关德兰修女的传记，德兰修女就活动在加尔各答和大吉岭区域，对那里的历史文化略有了解。很多粉丝也对你在印度的视频表现得更加活跃，对印度的生活环境、历史之类的东西比较感兴趣。但是有没有出于个人方面的原因，比如喜欢研究东南亚人文历史之类的而偏爱这些地区。

峰哥：我对宗教对人类的影响有一些研究，也比较好奇。比如中国本来是没有狮子这种动物的，可是为什么门口都立两个石狮子呢，这些是如何传播的呢？包括中国本土的宗教为什么和印度都有着千丝万缕的联系呢？这两者之间也比较有意思。但是因为宗教问题比较敏感，不适合在网上讨论，所以几乎没有在视频里体现过，但是私底下自己会研究。

作者：现在，新冠肺炎在全球肆虐，那么如果疫情得到控制，我是说，如果世界范围内的生活生产秩序都恢复正常，你还会继续旅行吗？

峰哥：会继续旅行，但是我比较悲观，我预计 1 到 2 年内国外（环境）都好不了。国际旅行真空期至少 2 年。

作者：嗯，我看你现在发视频的频率已经减少了，那接下来，对于这个过百万的抖音号，你准备分享些什么内容来留住粉丝？

峰哥：在国内旅游呗，拍拍国内，国内风景好的地方也有很多。

作者：嗯，期待。关于穷游，基于最普通的条件，就你的个人经验来说，你觉得还有哪些东西是需要具备的？

峰哥：语言沟通能力，解决问题能力，行程规划能力，基本就这些吧。主要目的是要找到便宜靠谱的机票和住处，这问题就解决了一大半了。

作者：对于那些想去穷游却出于各种原因不能成行的粉丝，你能给予他们什么忠告呢？

峰哥：旅游不是唯一的选择，出发之前想清楚自己是不是真的想要去做某件事。

作者：最后，还想问下，对于拍摄抖音视频，你应该属于那种重内容，技巧次之的类型，那对于想要专注于拍摄抖音视频的新人，您有哪些意见呢？

峰哥：拍自己擅长的就行，不要模仿别人，条条大路通罗马。

敲黑板，划重点：本章重点内容回顾

毫无疑问，抖音接替了快手，成为新一代的短视频行业之王。抖音迅猛的发展让很多机构和个人都想入局抖音来分上一杯羹，但是进来抖音后发现，别说美味的"羹汤"，就是一口白粥也不容易分到。因为缺少引流，很多抖音玩家前期都面临着作品没有播放量，没有曝光，没有点赞的问题。

本章重点解释了流量、流量池的概念以及零资源账号如何启动流量池和未来如何裂变运营的思路及方法。现如今，"酒香不怕巷子深"的时代早已经过去，无论做什么事情，都要懂得给自己营销。而成功营销的前提则是引流。抖音玩家如果想获得更多人的关注，就必须找到适合自己的宣传方法，在更多人面前亮出自己。

第五章

爆款文案：

用点小套路，你的视频播放量至少提高 3 倍

一部优秀的视频作品若是没有好的文案，播放量也会减少三分。这就是文案的作用。在视频不出彩的情况下，好的文案有可能扭转乾坤；当视频出彩时，好的文案则可以如虎添翼。

不仅有视频，还要有文案

平时我们总说爆款视频，大家研究更多的是视频本身的拍摄手法、剪辑技巧、内容呈现、主角演技水平等，这些确实很重要，占据了短视频成为爆款的原因的半壁江山。那么另一半的关键核心是什么呢？就是抖音的标题文案，它远比很多人想象中的重要得多。

什么是抖音文案

文案就是以文字的形式表达内容。与普通字幕相比，文案更具有感染力。文案的打造需要玩家们准确挖掘内容亮点，表达视频价值。抖音文案一般在 15—20 字之间，占据 1—2 行的位置为佳，不过，如有特别契合内容的文案，文案最多也可以写 55 字。

抖音文案的重要性

有些玩家说，看到有些视频的文案很随意却点赞量过百万，这是为什么呢？一是因为账号的粉丝有一定的量级，二是很可能你看起来文案设置的"随意"，但实际上他们的文案都抓住了人性，抓住了抖音平台的胃口，也就是我们说的爆点。

例如抖音上的"央视国家记忆"曾发布过一位近百岁老人的视频，视频的主人公叫许渊冲，是北京大学的一名教授，同时也是一位翻译家。1921 年出生的他，至今从事文学翻译长达六十余年，译作涵盖中、英、法等语种，翻译集中在中国古诗英译方面，形成韵体译诗的方法与理论，被誉为"诗译英法唯一人"。

如今，这位马上就要跨入百岁高龄的老人仍然坚持着翻译的工作。勤俭生活和勤奋翻译是他的全部生活。他为英、法、汉图书的翻译做出了不可磨灭的贡献。为了弘扬许渊冲的精神，"央视国家记忆"的栏目组用几句话概括了许老的一生："有饭吃，有地方住，有工作做——他对生活的要求是那么简单！"

寥寥几笔便讲述了老人对生命和理想的追求——不是为了名利，而是为了价值。很多抖音用户被许渊冲的故事所震撼，同时也被他无私奉献的精神所感动，点赞是自然而然的事。好的视频文案不仅可以帮助用户理解主题，而且可以引导用户积极思考，这些都是文案的巨大作用。

抖音文案写作的几种形式

1. 直抒式：短视频玩家可以通过直接描述内容来编写文案。这样会给用户带来非常严肃、稳定的品牌形象，但对视频内容的要求也很高。这种风格的视频非常适合一些企业工作号做精神宣传。

2. 诱导式：除了简单地表达我们的意图，我们还可以通过归纳来吸引用户的注意。例如，之前抖音上火爆的"蜜雪冰城"——新冠肺炎疫情期间，蜜雪冰城品牌在抖音号上教人用一些简单的配料制作奶茶，并在视频的结尾展现出品牌的LOGO，如此几期之后，蜜雪冰城开始展露真正的目的，一面提醒大家尽量不要出门，齐心协力抗疫，一面则宣传着自家的新产品"吃土摇摇奶昔"引诱用户消费的欲望。

3. 总结式：快节奏时代，用户的时间都很宝贵，即便是休闲娱乐，也不会盯着毫无意义的短视频超过 5 秒，因此不仅视频内容要精炼，文案也是如此。如果是一些教学视频，那么就直接在标题文案上提炼出干货，例如"五个细节看出对方是不是喜欢你""五个步骤教会你做排骨汤"等等标题。这种标题文案同样也非常受抖音用户的注意。

4. 提问式：如今，许多拍摄街头调查的短视频都很火爆。这些视频的创作者大多是抛出一个问题，随机邀请街上行人回答问题。这类的节目火的不少，他们直接将问题作为标题文案，展示给用户观看，并且会在评论区引导更多的用户对自己所提出的问题进行讨论。

🎵 **抖音运营一点通**

> 文案的写法并不是单一的，但最终目的都是归于用户的需求。因此，在文案编写过程中要紧扣"需求"字眼，才能在众多视频中脱颖而出。

爆款视频的标题文案都是这样写的

一个优秀的标题文案，能为一部作品起到"画龙点睛"的作用。毫不夸张地说，标题与内容一样，都是保证视频播放量的核心部分。标题是观众快速了解短视频内容并产生记忆与联想的重要途径，好的标题，能够激发用户看视频的欲望，大幅增加播放量。有时同一个类型的作品，仅仅会因为标题的几个字的差别，造成差距很大的播放量。

短视频标题对推荐算法的重要性

目前，抖音、快手、微视、UC 采用的都是推荐算法，且越来越多的渠道也开始采用这种方法。那么推荐算法究竟是什么呢？推荐算法的概念并不难理解，它是计算机专业中的一种算法，通过一些数学算法，去推测用户可能喜欢的东西。例如目前的淘宝、拼多多等购物平台也引入了这一算法，当平台用户在搜索栏里搜索某类商品时，平台就会通过数学算法，推测出用户可能喜欢的东西。

推荐算法的基本流程如下：

机器解析→提取关键词→按照标签推荐→实际推送给相关的观众→观众点击反馈

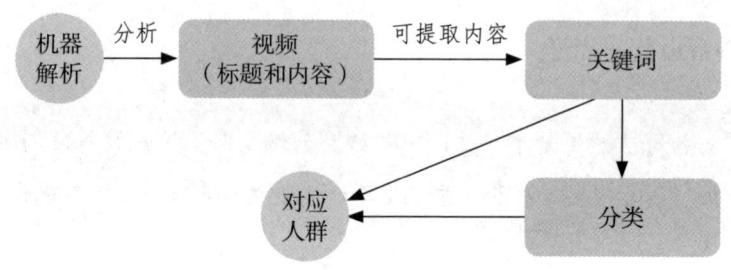

图5-1　抖音推荐算法基础流程

从运营层面来讲，当前阶段，机器算法对图像信息的确有一定的解析能力，但相比于文字，其准确度方面存在局限性。传统的图文中文字信息量很大，机器解析起来也很方便，在优先级上也高于图片。但短视频转向了图像，就变成了不同的维度。机器很难在视频内容中获取到相关的有效信息，最直接有效的获取途径就是短视频的标题、描述、标签、分类等。

从用户层面来讲，标题是视频内容最直接的反馈形式，也是吸引用户关注点击的敲门砖且占据了很高的权重，在观看视频前，用户展开看详情、标签、评论的概率远低于标题，从整体的内容发放机制来说，我们也应该更重视标题。

在抖音上，就有玩家做过这样一个实验，他用两个账号在同一个城市同时发布了两条相同内容的视频，结果却因标题不一样而造成天差地别的播放量，两个标题的文案分别被设置为"红烧肉秘籍：想要拴住 TA 的胃，这一招你得会""五星酒店大厨的不传之秘，用这种方法做出的红烧肉更好吃"。

结果在视频发布的 24 个小时后，使用前者标题的视频播放量为 4857，而使用后者标题的视频播放量仅为 924。

类似的实验还有很多，这些实验的结果都清晰地为用户指明了一个起标题的窍门，标题起的越贴近用户生活，视频越容易被点开。所以标题结合用户生活中的高频场景至关重要。例如，"红烧肉秘籍：想要拴住TA的胃，这一招你得会"
这一标题的重点是给心爱的TA做一顿美味的红烧肉，相比之下，覆盖用户的范
围更为广泛，带来的认同感也会更强。因此，我们在发布视频时要重视标题，同
时需要注意的是，打造标题可以运用夸张的修辞，但前提是一定要围绕视频内容，
绝不能做遭人唾弃的"虚假标题党"。

怎样进行标题训练

想要玩转抖音，文案标题是每一位抖音玩家的必修课，因为它代表着策划、
拍摄、演员等工作成果，更直接影响曝光量、阅读量等数据。在实际的操作积累
过程中，我们可以从以下四个部分入手。

1. 发现：知道什么样的标题是好的标题。从用户角度来说，有浏览欲望的标
题即为好的标题。从运营角度来说，数据呈现播放量高的标题即为好标题。这些
需要玩家们重点学习。

2. 模仿：模仿并不是去生搬硬套那些优秀爆款视频的标题，而是"像素级"的
深度学习，即结合自己作品的实际情况按照优秀标题的句式和内容进行模仿，有
一定经验后，可以尝试把几个标题的精华综合在一起形成自己的专属风格。

3. 实战：利用抖音、快手、微博、今日头条等渠道进行实际发布，测试相关
内容对用户的吸引力并进行总结优化。

4. 分析：视频发布后通过推荐量、推荐率、评论量等数据作为佐证进行效果
分析。

30个标题模板参考

1. 愿点赞的每一个姑娘都能狂吃不胖！

2.……同意的点赞。

3.……有同感的吗？

4.……你赞同吗？

5. 你喜欢的那个人的名字的最后一个字是什么？

6. 喜欢视频的小伙伴请留下你的小心心。

7. 对一个人彻底失望是什么感觉？你们有过吗？

8. 现在的你还相信爱情吗？

9. 对你而言，我真的不重要，可以随意丢掉，对吧？

10. 如果你忘不了一个人，而你们现在又不能在一起，就请你把他或她的名字写在评论区，致我们曾经逝去的爱情。

11. 你在"20××"年做过最后悔的事是什么？

12. 你有没有经历过什么之后，然后就再也快乐不起来了。

13. 你经历过什么倍感遗憾的事情吗？

14. 你在感情经历中有过哪些不为人知的心酸经历？

15. 你是从哪个细节发现另一半变心的？

16. 当你减肥节食连续一周不吃晚饭，你以为只会变瘦吗？

17. 如何知道另一半是否真的爱你？

18. 你的前任教会了你什么？

19. 放弃一个你喜欢了很久的人是什么感觉？

20. 什么时候你觉得自己变成熟了？

21. 为什么现在的你不敢再去追求别人？

22. 假装不爱你，和假装你爱我，哪个更残忍？

23. 你经历的最长的一段感情有多久？

24. 看完这个视频，你还敢……吗？

25.. 跟大家分享一下，这是我在抖音买的第 62 个好东西。

26. 今天是我生日，有人能对我说一句生日快乐吗？

27. 如果你对一个人失望透顶，你该怎么做？

28. 别刷啦，早点休息，晚安。

29. 评论里留下你喜欢的人的名字，说不定 TA 就看到了呢？

30. 为了我那 5 个粉丝，拼了。

抖音的文案标题好比一家店的门面，足够有特点才能吸引用户推开门走入其中，看看店内贩卖的商品（内容），因而文案标题十分重要。作为短视频创作者，我们平时要养成多看、多积累的习惯，将自己看到的有趣短句保存下来，说不定哪天，这些短句就能让你的作品成为爆品。

抖音运营一点通

俗话说得好"红花还需绿叶配"，在抖音平台，视频作品是红花，而文案则是绿叶。很多时候，一句好文案就能把一个短视频推上热门。

标题怎么起才能火？牢记这些小技巧

抖音采用的是"去中心化"的算法，是以"依靠内容找粉丝"作为底层逻辑的平台，这种算法充分给予了新玩家和原有的头部网红同等起跑的机会。因此，抖音视频想成为爆款，就必须考虑到作品展现的所有内容和元素，而短视频标题，就是作品内容中非常重要的一个点。因此，在创作时要将更多的精力放在如何打造视频标题的文案脚本上，从而达到吸引粉丝注意力的目的。

不具备粉丝影响力的新玩家想在抖音的算法下，让自己的作品突出重围，就必须要有专业化的运营，而文案标题就是帮新玩家实现突围的一个重要工具。

那么，抖音标题究竟如何设置才能起到吸引用户的作用呢？我们必须要清楚一点，爆款标题的最大特点就是，能够让更多的用户产生共鸣，建立联系。对于一个作品来说，标题永远承担着对整个视频内容的引导作用。

很多新玩家在进入抖音时，几乎都没有拍摄短视频作品的经验。这就导致很多玩家在前期无论如何打磨视频内容，其质量都无法与老玩家或是背后有团队支撑的抖音达人相提并论。因此，对于新玩家来说，首要的事情并不是考虑如何提高视频作品质量，而是应该另辟蹊径，绕过视频的内容，以文案为出发点，来引导用户产生点赞、评论、转发、关注等互动行为，然后才是通过经验的不断累积，逐步去提高视频作品的质量。

正所谓"狭路相逢勇者胜"，抖音新玩家想在初期的运营中在与其他作品的较量中不落下风，进入到下一级的流量池里，从而吸引更多的粉丝，就必须学会剑走偏锋，出奇制胜。例如，抖音用户"这不科学啊"，曾经发布了一个作品，所使用的标题文案便是"光头洗头也能有很多泡泡吗"？类似这种新奇有趣的提问式标题不但有助于激发用户的好奇心，让用户看完视频，同时还能提升视频的互动率，许多抖音用户看完之后纷纷表示自己也想去理个光头，来体验一下这种洗头方式。最终，这个视频收获 30 多万的点赞量以及接近 2000 条的评论。

想在文案上制胜，就必须掌握文案的精髓，抖音标题到底如何设置，才能调动起观众的情绪呢？

1. 标题文案精简，具有相关性

标题文案"能省则省"，如果用 20 个字能将整个事件说清，就别用 25 个字。精简的语言表达会更受观众欢迎，同时，标题要与视频的内容有一定的相关性。

2. 和"我"有什么关系

这里的"我"代表用户。例如，有一个屡次登上热门推荐的视频标题就是直接问"你们想找一个什么样的女朋友"，这就是主动向用户提问，刺激用户评论，这样的标题加上视频中人物的人设表现，也很容易吸引用户参与互动。

3. 主动引导和故弄玄虚

这样的标题需要加入一些"小套路"，例如，2019 年台风"利奇马"在青岛过境的时候，就有很多抖音上的创作者起的标题就是"第一次看到台风，居然……""有人给我科普一下吗？为什么叫利奇马而不是萨其马"等等。而当人们认真看完视频后却会发现，视频里拍摄的天气似乎并没有什么异常的现象，最多只是比平时的好天气多了几片乌云而已。但是，这类标题却非常能够引起用户的好奇心，让其反复观看视频和发表评论。

4. 将文案打造得"幼稚化"

在抖音，最受欢迎的往往就是看上去觉得"幼稚"的标题。例如"希望我那3 个粉丝看到不要脱粉""你看见过我的小熊吗"这类"幼稚"的文案标题往往特别有喜感，因为抖音在整体上并不是一个卖弄文采的平台，太过于高深的标题让人看着费劲，很容易让人失去耐心继续观看你的视频，也很难让用户有互动的欲望，所以设计文案时尽可能简单明了，通俗易懂。

5. 脑洞大开，发挥创意

无论什么时候，人们都乐于见到新奇有趣的事物。例如，之前抖音流行过一个梗，视频中女生打扮得十分漂亮。这个视频本身有极高的看点，而创作者起的标题是"我要出门了，今天风大，我能不能被吹到你的怀里"，进一步提高了视频的引导力，给用户留下了足够的吐槽空间和想象余地。

6. 接近原型性格

这里的接近原型性格的意思是，接近目标用户的原型性格。例如，文化类的视频，就不要用过于娱乐化的标题；娱乐类的视频就不要用过于严肃的标题，很容易让用户产生反感，很莫名其妙。

总之，除了上述这些抖音标题怎么写的小建议，不同的账号又会有不同的特点，在利用这些小技巧的同时，也要结合账号本身的情况进行创作。

抖音运营一点通

标题的拟定方法不是固定的，更不是绝对的。在拟标题的过程中，需要我们根据实际情况不断优化。

根据主题方向撰写视频文案

写视频文案前需要思考的要点：

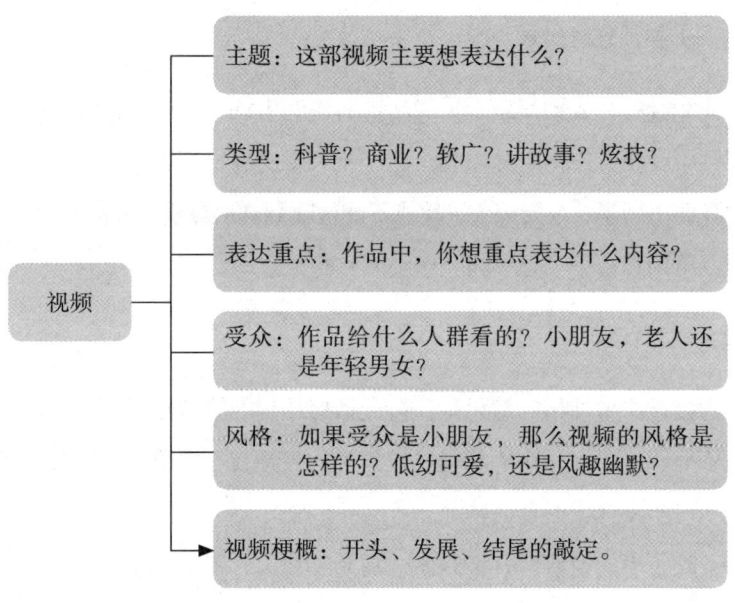

视频
- 主题：这部视频主要想表达什么？
- 类型：科普？商业？软广？讲故事？炫技？
- 表达重点：作品中，你想重点表达什么内容？
- 受众：作品给什么人群看的？小朋友，老人还是年轻男女？
- 风格：如果受众是小朋友，那么视频的风格是怎样的？低幼可爱，还是风趣幽默？
- 视频梗概：开头、发展、结尾的敲定。

图5-2 梳理文案方向的思维导图

1. 确定视频表达的主题。

2. 确定视频的类型。

3. 确定视频需要表达的重点。

4. 根据视频的受众确定视频风格，一般来说，科普的轻松活泼些，商务的大气沉稳些，给小朋友看的语言可爱些，写故事可以"中二"，可以抒情，具体情况具体分析，拍摄作品之前，风格要提前定下来。

5. 查阅相关的文案资料。蹭热点，找典故，看新闻，找人聊天都是不错的方式，根据视频主题、类型、重点、受众、风格等等开始找相关资料。

6. 用思维导图进行思路梳理。

视频文案创作流程

1. 为你的视频起一个有冲击力的标题。

2. 开头（快速抛出有用信息）。

第一人称简介：大家好，我是 ××（可以是姓名或者职业）……

背景介绍开头：今天我来到了 ××，可以看到这里的人非常的多……

介绍时间开头：× 月 × 号，×× 时间段……

3. 根据之前做的框架，先把自己想表达的东西全部写完，然后再串联逻辑。

如何计算文案的配音时长

同一个文案，不同要求的配音时长不一样，例如男女快慢，活泼、深情、严肃、搞怪等。

一般情况下，稍微快一些的口才演讲平均语速能达到每分钟 300 字左右；而普通人的语速大约在每分钟 260~280 字；而比较抒情的文案内容，需要画面中间停顿的，可能每分钟只需要 180 字左右。文案字数应根据自己的视频风格、出镜人语速来决定。

实操方向

如果你是一名抖商，想要推荐自己橱窗里的商品，可以换一种方式，例如抖音上比较流行的"开箱玩法"。在镜头前，你可以说这是自己在抖音里种草的第"×"件商品，这件商品如果符合自己的期望就会留下，反之则会拿锤子砸碎或者扔掉。

在主题玩法设定好以后，紧接着就要开始构建场景文案，同一件商品能与不同的场景碰撞出不一样的火花，举个例子来说，当人们走进麦当劳，会做什么？当然是来一份汉堡套餐或是全家桶。但是如果将场景换成星巴克或者是优衣库，一个人快步走进店内大声对服务人员说出自己的需求"给我打包一份全家桶"，会有怎样的效果？这就是场景的重要性，也是场景文案的重要性。

很多真人出镜的视频中，主创者都在极力从最初的模仿、翻拍开始转向原创，并尝试着在剧情中加入一些软广，例如抖音里有些做葡萄酒生意的抖商，经常会编排一些朋友聚会的场景来推广自己的产品；又或者一些汽车销售，总是会在抖音作品里讲解有关汽车配件的冷知识，让人们在修车的时候少花冤枉钱；同时，还有一些美食达人，他们在出文案时也会根据热点进行创作，有时是帮粉丝测评某家网红餐厅，有时则走进某条小吃街，在一个提前设定好的预算内（可以是50元钱，也可以是100元钱）进行消费，然后最后将价格和自己购买的小吃罗列出来，并给予自己中肯的评价。

抖音运营一点通

文案对于短视频作品的重要性不言而喻，它是吸引用户看完视频的关键所在，文案可以体现在视频的剧情中，也可以体现在视频素材封面中，好的文案，能快速提升观众的带入感，并为作品带来更高的点击量。

结合当下最流行的"梗"，打造抖音文案

相信经常上网的读者朋友一定对各种"梗"不陌生，虽然"梗"是最近几年才开始流行的网络用语，但却经常能够在综艺节目中出现。所谓"梗"，它的最直接意思是笑点，一般来说，梗用于流行事物比如综艺、动漫、电视剧等。"梗"字

的词义被不断扩大引申，大到某个时间段，小到情节插曲，乃至故事中发生的片段都可以叫"梗"，比如"身高梗""经典梗""撞脸梗""言情梗""创意梗""幽默梗"等。在 B 站，用户观看一部电影或者电视作品，也常常可以看到弹幕上显示"各种新梗老梗交替出现""这个梗有点老""烂梗"等评价。

值得注意的是，这些用法多来自网络语言，所以"×× 梗"式的词语往往有一定的时效性，随着时间的推移，老梗会被新梗覆盖。因此，在我们打造抖音文案的时候一定要考虑自己所用的"梗"是否新鲜，还是已经被人划分到"老梗""烂梗"之中。

玩梗，就是玩"新鲜度"，当然一些经典的，被众人熟知的诸如"真香""雨女无瓜""打工是不可能打工的""道理我都懂，可是……""我怀疑你在 ××，但我没有证据""别爱我没结果，除非……"等梗在不引起粉丝反感且与作品情景非常贴切的话也可以偶尔拿来使用。

在我们使用某个梗的时候，首先要充分理解梗的含义，不然用错了梗，粉丝不但会觉得作品无趣，且会认为创作者"没文化"，"不走心"，给创作者带来一系列的负面影响。同时，在使用梗的时候，也需要注意梗的出处，梗本身是否带有"侮辱性"的意味，例如"给爷爬""孤儿""睿智"等带有负能量的梗都是不能在抖音平台进行传播的。另外，一些已经明确被抖音官方所禁止的元素，例如"小猪佩奇"等相关的话题和梗也不宜出现在作品中。

作为抖音短视频玩家，我们要学会分辨一种玩法或者一个梗是否具备"趣点"，同时在拍摄视频的时候还要把握好作品的尺度，同样是玩梗，有的作者能博人一笑，而有作者却能被打。例如很早以前抖音流行过一个"菜换肉"的梗，玩法很简单，就是在吃饭的时候将自己碗里的菜夹给别人，并从对方碗里把肉夹走，原本这种梗出现的时候仅限于家人、朋友以及情侣之间。可当这个梗传播开之后，玩法和性质就逐渐变了，有些作者在餐厅吃饭时竟然以拍抖音的借口去骚扰其他顾客，结果就"摊上事儿"了。

2018 年 5 月，杭州萧山的一名抖音用户就在玩"菜换肉"时与对方发生了口角，最终还动起了手。据悉，这名抖音玩家姓李，发生争吵的当天李某和几个朋友一起去大排档吃烧烤，结果吃着吃着李某便来了兴致，从桌子上拿了一串烤馒头片想要与旁边的陌生人玩一出"以菜换肉"的戏码，结果对方不肯。李某觉得视频没拍成，在朋友面前丢了面子，于是对刚刚拒绝他的陌生人拳脚相加。被打的食客当即报警，警方对于李某的无理取闹当即采取了强制措施。

不可否认，抖音上流行的一些梗确实非常火，但玩家们一定要明白，网络世界很大程度上是虚拟的，我们在看某些视频的时候无法轻易分辨出是否为摆拍制作而成。很多打着与"陌生人"互动旗号创作视频的用户，说不定现实当中视频中的人本身就是关系非常要好的朋友，因此无论作品里如何表演，拍摄结束后也双方不会产生矛盾。就被拘留的李某这件事情来说，并不是每个人都能接受别人"拿菜换肉"来拍抖音的，所以在现实生活中，类似这种影响到他人的梗和玩法切记不可随意模仿，更不要为了博人眼球而触犯法律。

抖音运营一点通

> 类似"菜换肉"的玩法还有很多，有"搭讪陌生人""地铁套手""电扶梯摸手""抖音网红熊整蛊"……需要注意的是，很多所谓的与"陌生人互动"的作品，其实绝大部分都是熟人之间摆拍的，抖音用户千万不要被假象所蒙蔽。

创造属于自己的专属金句

如果说，90后还有逆袭的机会，那一定是新媒体；要说新媒体里最有机会赚到钱的，那一定是抖音。抖音不单单是短视频行业的流量担当，更是不少年轻人大打翻身仗的重要阵地。既然走进了短视频这个领域，面对每一个机会都应该当仁不让。想在抖音发迹，就必须拥有自己的"大招"，大招可以是技术、可以是玩法、可以是颜值、可以是萌宠，当然，如果以上这些条件你都不具备的话，也可以学习"真好哥"陆超，创造属于自己的金句。

在 2018 年的时候，抖音热门曾被"真好体"霸占过很长一段时间，抖音广大用户也因此认识了一个名叫陆超的年轻人，"大家好，我是陆超，林允生日快乐，Happy birthday to you，加油，祝福你，明天更美好，天天快乐，真好。"这是陆超的一个视频中的原版台词，他不只是祝福过林允生日快乐，还祝福了易烊千玺、王俊凯、关晓彤、李易峰、曹雪莹、陈立农……当然了，都是以"真好"二字作为结束。

打开抖音，搜索"陆超"，点进他的主页，一万多个作品的封面仿佛大头贴，随便点开几个视频进行播放，我们会发现，他一直保持着不变的发型，不变的衣服，不变的语调，作品中的他几乎从来没有眨过眼睛，还有他那结尾处万年不变的"真好"，简直是抖音界一股气势磅礴的"泥石流"，所到之处，一片狼藉。很多陆超的粉丝在回想起自己最初观看陆超作品时，大致的心路历程可以分成三步。

第一次刷到陆超的时候：这是拍的什么玩意儿，长得也太丑了吧；

第二次刷到陆超的时候：你还真别说，这哥们看着还挺喜感的，粉了粉了；

第三次刷到陆超的时候：哈哈哈哈哈哈哈哈哈哈哈哈哈，真好！

陆超突然走红，开创了抖音的第一个男友潮流，很多人都拿着他的照片发给父母说在和他谈恋爱，看看他们是什么反应，家长们对陆超的评价也是褒贬不一。看过陆超视频的用户对于陆超都有比较深的印象：头发稀顶、成熟老练、中年大叔。

截至 2020 年 6 月，陆超在抖音上已经收获了 200 多万的粉丝和 1600 多万的点赞，在他最初走红的时候还成功登上微博、百度的热搜，网友将他的个人语系笑称为"真好体"并持续跟拍加热。不过陆超走红的背后也并非毫无根据，陆超出身于微电影演员，是北京郑云文化传媒工作室最有特色的艺人之一，从几年前开始就一直在郑云工作室的搞笑短视频中饰演各种土味十足的角色，他每次出境都会穿着一件红色的格子衬衫,近十年的时间从未换过别的衣服,这也是他的个人特色。

陆超也发行过音乐单曲,但网友对于他的唱功普遍评价不高,只能说是一个正常的"KTV 水准"。说到底,他也只是一个普通人,虽然有着演员的身份,但一般都是以"客串"或是"龙套"的形式出镜,即使是关注他的粉丝,也没有太多人知道他演过什么电影。同时,他还是一个没什么颜值的人,很多人对于他的颜值都给出了中等偏下的评价。然而,就是这样一个近乎素人的小演员,在没什么资源的情况,却在抖音突然迎来了属于自己的春天。恐怕就连陆超本人也是没有想到的。

"有你们,真好!"这是陆超爆火之后对粉丝的致谢,一句简简单单的话语包含了尝尽人间百味的辛酸。无论什么时候,陆超都只是想通过"真好"来为大家提供一种轻松减压的心情,一种面对无聊生活积极向上的心态。与广大的抖音玩家一样,陆超在没有走红之前,也只是一个普通至极的小人物,没有什么豪情万丈的远大抱负,仅仅是想通过小视频记录下自己的心语生活,希望这句"真好"能够温暖每一个看到他作品的用户。而陆超的这种努力,也最终有幸被大家所认可,也令他成了一名网红。

事实上,像陆超这样能在抖音上创造专属金句并收获名利的玩家并不多,这与运气无关,更多的是那些试图追梦的玩家热情逐渐褪去,从一个创作者又变回了浏览者。想从一个寂寂无闻的素人成为万千用户瞩目的网红不仅需要方法,更需要坚持。

陆超的这句口头禅并非他入驻抖音后才发明的,早在抖音上线之前,陆超在其他新媒体平台也一直在每部作品里重复使用这句"真好",在大火之前,这句口头禅已经被他说了很多年,只不过碰巧在抖音平台火了。

陆超的 10000 多个抖音作品的结尾都有这句话"真好",几乎达到了"洗脑"的程度。"天天开心,明天更美好,加油,真好"这些简单的词语被陆超翻来覆去地重复,以至于"真好"这个词好像是陆超专属一般,大家说到"真好",就想到陆超,一说到陆超,就想到"真好"。

在新媒体时代，和陆超一样因为一句金句备受关注的例子还有很多，除去早已通过自己努力成为影帝的张家辉因代言某款游戏而爆火的"渣渣辉"不谈，像二次翻红的歌手薛之谦，他就总以"我的心愿是世界和平"作为微博的结尾，从而在沉寂多年后，以"段子手"身份再次出现在公众的视野之中。除此之外，抖音上 ID 为"黑河腰子姐"的用户，以一句"来了老弟"成功收获了 100 多万粉丝；而那句入选"2019 年中国媒体十大流行语"的"我太难了"也同样出自短视频平台的一位用户。

时势造英雄，一句能火起来的流行金句同样也能造就"英雄"，如果各位读者朋友日常生活中有什么经常说的口头禅，不妨加到视频作品当中，说不定你的这句口头禅就会引领下一个潮流。

♪ 抖音运营一点通

若是实在没有自己的口头禅，我们也可以多搜集一些名家的名言，然后进行仿写后使用。

硬核玩家访谈："玩抖音八个月，我在哈尔滨买下一套婚房。"

（因被采访者不愿透露真实姓名，故本文以及 Q.A 问答环节皆对被采访者采用化名）

抖音到底多火，不用多说，相信绝大多数年轻人都感受到了。商场、地铁、饭店……几乎所有的公共场所里，都有一些人端着手机，对着屏幕傻笑。

然而普通人看热闹，聪明人看门道。面对抖音早已突破 4 亿日活跃的超级流量池，早就有一波人在抖音中挖掘到属于自己的宝藏，赚得盆满钵满。

相信大多数人都曾有过这样的想法："真羡慕那些网红，随便拍个视频，偶尔开开直播露露脸、卖个萌，得到的打赏就比自己一年的工资还要高。"虽然，那些月入百万的抖音顶级玩家并不多，但我们不能否认，抖音平台里潜藏的巨大商机，以及超过 4 亿的日活跃流量带来的变现能力，真的改变了某些人的一生。

居住在哈尔滨的小新（化名）就是通过抖音这个平台，利用业余时间，在短短八个月的时间里就赚到了一套新房的首付，并且现在每个月的抖音收益还贷款绰绰有余，再努力一阵子，小新还打算贷款买辆思域作为代步。

小新的老家离哈尔滨并不远，即便是行驶缓慢的绿皮火车，也仅仅只要一个半小时就能到达，因此，毕业后的小新也就选择同女朋友一起暂时留在哈尔滨工作。小新毕业于 2017 年，当时哈尔滨一些繁华的地段楼房每平方米价格就已超过了一万元，这对于一个刚参加工作，一个月到手工资只有 4000 多的毕业生来说，买房根本成了一个不切实际的梦。

小新的父母也都是普通的工薪阶级，虽然家里有点积蓄，但想要短期内在哈尔滨购房还是有些困难，况且小新从小就是一个非常偏的人，用父母的话来说，小新一直就是"驴脾气"，在买房结婚的问题上，小新不想过多地依靠父母的帮助。抱着这样的想法，小新工作之余也一直在找寻能够让自己提高收入的副业。

2018 年春节，小新在高中同学聚会上得知自己的同桌，一个长相清秀的小姑娘正在一个很有名的直播平台做直播，收入还不错。这无疑让正在迷茫的小新看到了一条能够"发家致富"的道路。小新从小便接触电子游戏，从最初的插卡游戏机，到随后流行的街机，再到后来风靡的电脑游戏，小新都有很高的游戏水平。因此，在那次聚会过后，小新便开始策划如何成为一名游戏主播，他先是花了 1500 元钱从二手市场淘了显卡、CPU 等主机硬件更新了自己的电脑，然后又通过同桌的推荐购置了一批主播所需的外设。从网上查找攻略，到申请主播资格，小新一气呵成。然而在开播一段时间后，小新才发现，主播这个职业并不如自己所想的那样容易。小新直播的游戏是一款很火的竞技类游戏，高强度的对抗让小新难以分心与直播间的"水友"进行互动，往往一个水友提出一个问题或是一条弹幕，小新要过很久才能解答，这种直播风格并不受观众的青睐。尽管小新的技术很高，总是能在高端局 Carry 全场，大杀四方。但一个半月的时间，小新收到的平台虚拟礼物折换成人民币也仅仅只有 134.27 元，这点钱连之前购买外设的钱都不够。

与此同时，小新每天到家吃了晚饭便往电脑前一坐，也让他与女友的关系变得疏远，为此两人之间还大吵一架。争吵过后，小新进行了一次深刻的反思，并对自己的"直播生涯"进行了总结，什么样的风格才是观众喜欢看到的，自己的问题出在什么地方，如何平衡直播与陪伴女友的时间。

小新在狭窄的沙发上躺到后半夜，无数的想法如同潮水一般不断冲击着他的大脑，他感觉自己正被一种无形的手推搡着，走向深渊。小新无法解决这一切，最终他起身打开电脑，通过主播后台进入到自己的直播间，他盯着屏幕沉默良久，最终他关闭了直播间，并在自己的账号签名留下了一句话——"生活很大，世界更大，未来有缘再见。"小新将自己赚的 134.27 元提现后永久地退出了主播账号。至此，小新结束了自己为期不到 50 天的直播历程。

结束直播的小新当天便和女友道了歉，并用自己赚来的钱带着她吃了一顿烤肉自助，66 元一位，刚好在直播收入的范围内，用餐时两人说说笑笑，重归于好。

尽管开直播并没有想象中的那么成功，但小新却未因此消沉，这次直播经历让他学到了很多课堂上学不到的东西。同时也令他更加理解了雷军的那句名言——"站在风口上，猪都可以飞起来。"直播行业在 2016 年前后进入一个快速的发展期，而到了 2018 年，网络直播基本上已经过了新行业的红利期。现在的直播圈子，已经趋向于稳定，在那些成名多时的大主播面前，小主播很难出头。想要通过副业盈利，并且不需要太多成本，只有将目光投向互联网的新兴行业上。

想通一切，小新顿时感觉豁然开朗，接下来的时间，他利用业余时间浏览大量信息，来寻找新项目，最终，他将目光定格在了短视频项目上。他在对多个短视频平台进行比对了解后，选择了抖音。

小新选择抖音平台出于两点考虑：第一，相比于快手、微视等短视频平台，抖音是新平台，新用户更容易成名；第二，抖音正在改变身边很多人的生活。在小新的工作单位，一些平时对娱乐不怎么投入时间的同事也下载了抖音，并且相互之间经常转载有趣的视频，同时，那些在抖音平台上非常热门的歌曲，他们偶尔也能"哼哼"一段。

打定主意后，小新没有急于加入抖音创作者的行列，而是与女友有了一次长谈，并保证这次不管成功与否，都不会冷落对方。得到小新的保证，女友欣然应允。2018 年 6 月，小新创建了抖音账号。这次，他没有选择电子游戏类领域，而是真人出镜，大谈人生哲学。小新高中那会儿是一名文科生，大学时他学习的专业是哲学，因此，一般的哲学讨论对于他来说简直是信手拈来。

就这样，小新在 2018 年 6 月下旬，拍摄并上传了属于自己的第一个作品，并保持着每周至少 5 个作品的更新频率。前两周，小新的作品反响平平，但他并不气馁，而是不断研究当下热点，并将这些热门话题与哲学融合在一起，以哲学的角度探讨日常生活中的琐事。功夫不负有心人，小新的这个创意吸引了很多用户为他点赞。2018 年 8 月，他的一期讨论年轻人恋爱观的视频大火，这条视频收获了 350 万次的浏览，7 万个点赞，6500 条评论以及 2.5 万次转发，同时，这条视频为他吸引了 3 万多名粉丝，这让小新的信心瞬间暴涨。

随后，小新针对年轻人群，又相继拍出了"29 岁定理""乌合之众""迷茫一代"等作品，广受好评。小新的粉丝量很快突破 10 万大关，每天都有上千人成为小新的粉丝。就连其单位的领导也在抖音热门推荐上看到了小新的作品，并为小新的作品点了赞，关注了小新，成了小新粉丝大军中的一员。

有了粉丝基础，小新便开始了计划的第二步——变现。为了保持作品的垂直度，小新并不想在作品里加入一些让人感到"跳戏"的广告，于是小新亲自走访哈尔滨的书店，并与店长沟通，希望双方能够建立合作，书店供货，自己在抖音上负责推书。

在抖音上，拥有 10 多万粉丝的小新很快便与当地三家书店初步达成了合作意向。由此，小新从玩家摇身一变正式成为一名"抖商"，小新的抖音橱窗中展示着由他在不同书店精心挑选的书籍，其中哲学类的书籍较多，也算是与小新的视频内容保持了垂直度。

成为抖商的几个月里，不算他从商家手里拿到的广告费，单是从他橱窗里卖的书就达到了 4 万册，每本书小新能赚取 7 至 12 元不等，光是这些图书的销售就让小新获利 40 万元左右。

小新用这笔钱交了一套房子的首付，并用多余的钱进行了简单的装修和家电采购。2019 年 11 月，小新牵着女友的手走进了民政局，结束了四年的恋爱长跑。领到结婚证的那一刻，小新的女友流下了幸福的眼泪。一个多月后的元旦，两人的婚礼在小新的老家举行，在亲朋好友的见证下，小新为女友戴上了一枚 1 克拉的定情钻戒。

通过新兴的短视频行业，小新完成了从穷小子到高富帅的逆袭，而这样的事情，在抖音上，几乎每天都在发生着……

问答环节

作者：你好，小新，感谢你能抽出时间接受采访。

小新：我也得感谢你们，如果不是你们找到我，要对我进行采访，我都不知道我现在这么火了，哈哈。开个玩笑，别介意哈。

作者：就算没有我们的采访，你也已经非常火了，在采访前我特意了解了一下，目前你在抖音的粉丝数量已经突破 200 万了。当初进入抖音平台时，你想过有一天你会收获这么多粉丝吗？

小新：说真的，根本没想过，也不敢想。因为在做抖音之前，我做过一段时间的直播，知道直播行业里的水很深，所以在转型做短视频时，就想着只要成绩比做直播好就行了，不然真的太受打击了。

作者：事实证明，你当初进入抖音是一个正确的选择，对你现在取得的成就，是不是非常自豪？

小新：嗯，自豪是肯定的，同样也特别感谢老婆一直以来的支持和陪伴，如果没有她，我觉得可能在不做直播后，也就不会再折腾了。

作者：你创作的视频中，一直都是你一个人出镜，没想到你已经结婚了，隐藏得够深的啊，不过还是要祝福你。

小新：谢谢。

作者：你在接触抖音之前做的是什么内容的直播？也是与哲学有关吗？

小新：与哲学无关，我之前做过一段时间的游戏主播。

作者：主播做了多长时间？

小新：不到两个月，一个半月多点吧。

作者：可以冒昧地问一句，你不做主播的原因是什么？

小新：原因其实挺多的，没人看是一方面，再就是每天下班回家，简单吃一口就往电脑前一坐，跟当时的女友现在的老婆也没什么沟通，感觉挺影响两人感情的。

作者：与直播相比，做短视频就不会影响你们之间的感情了吗？

小新：是的，我和我老婆是同一所大学的同一个专业出身，在学校学的都是哲学，在我做短视频以后，一些问题或者说某个新闻热点，我都会事先和她讨论一遍，然后总结出更简练，更吸引人的点放到抖音作品中。

作者：那也就是说，通过做抖音短视频，反而加深了你们之间的沟通了是吗？

小新：嗯，也可以这么说吧。

作者：短视频行业正在兴起，而你在抖音上也获得了一些属于自己的资源，未来有没有考虑过辞掉工作，全职做短视频？

小新：这个嘛……老实讲，的确有过这个想法，但是现在的工作也挺好的，尤其是和同事之间相处得非常融洽，如果辞职的话，有点不舍。

作者：你的同事知道你玩抖音吗？

小新：知道，他们现在几乎都成了我的粉丝。

作者：被人崇拜，尤其是崇拜你的人还是身边的朋友、同事这些平时走得比较近的人，你有什么样的感受？

小新：最大的感受是，有时因为一些原因，作品没能及时拍出来，总能在微信上收到催更的信息。

作者：那你平时如何回复这些信息？

小新：假装没看见，并幻想着自己此时是一只把头插进沙子里的鸵鸟。

作者：那对你的粉丝，你有没有什么想说的？

小新：就六个字：感谢，非常感谢。

作者：好的，还有最后一个问题，作为一个抖音的百万级 KOL，你对抖音平台了解的也一定比普通用户更深，你认为一个新的创作者进入抖音平台，他的发展空间大吗？

小新：很大，至少在我的理解中，抖音要比目前市面上流行的其他短视频 App

对于新人更友好。如果想成为一名创作达人的话，我是非常欢迎大家加入抖音这个大社群中的。

敲黑板，划重点：本章重点内容回顾

通过本章，我们可以得知，视频文案的重要性不言而喻，它一定是吸引用户看完视频的关键所在。文案不仅可以出现在标题或封面中，同样也能体现在视频的剧情里。优秀的文字文案，能提升用户的瞬间带入感，可以带来更高的点击量。

在抖音，那些点赞数量高的作品，一定就有着能够吸引用户或者打动用户的关键点，大家平时在刷抖音的时候可以多多留心观察爆款视频的文案，探究其中的亮点。

第 6 章

火爆配乐：

选对 BGM，距离热门更进一步

在抖音，BGM（Background music，背景音乐）的选取、搭配是一件非常有"讲究"的事情，很多热门作品的背后，都有一段"洗脑"或者"魔性"的配乐，那么作为抖音玩家，我们在创作抖音短视频时应该如何选取、利用合适的 BGM 为自己的视频增添色彩，进一步提升用户对作品的喜爱度呢？

是抖音捧红了音乐，还是音乐造就了抖音

1997 年，一部由詹姆斯·卡梅隆执导，莱昂纳多·迪卡普里奥、凯特·温斯莱特领衔主演的电影《泰坦尼克号》登上了荧屏，成了影史上的经典之作。这部电影在次年的第 70 届奥斯卡颁奖典礼上以摧枯拉朽之势，狂扫了最佳影片奖、最佳导演奖、最佳摄影奖、最佳艺术指导奖、最佳原创歌曲奖、最佳配乐奖、最佳服装设计奖、最佳音响奖、最佳电影剪辑奖、最佳音效剪辑奖和最佳视觉效果奖11 个奖项，打平了 1959 年的电影《宾虚》所创下的获奥斯卡金像奖最多的纪录。

在这部电影 1998 年被引进中国后，吸引了大批观众走进了电影院。对于这样一部优秀的作品，绝大多数观众都毫不吝啬地给出了好评。同时片中那首由爱尔兰风笛吹奏的插曲《my heart will go on（我心永恒）》也因电影传遍了全国各个角落。很多人对这首歌的评价是，特别喜欢的一首歌，百听不厌。同时也引入了一个直到现在都还在争论的问题——"究竟是插曲成就了这部电影，还是这部电影成就了这首插曲"？

这个问题的内在逻辑听起来有些像另外一个困扰人们的经典问题"先有鸡还是先有蛋"，事实上也的确如此，即便《泰坦尼克号》这部电影已上映 20 余年，关于这个问题，还是没有得到一个统一的答案。或许，今后也无法得出一个令所有人都感到满意的答案。因为无论配乐还是电影，都已成为人们心中的经典，二者缺一不可。这也说明了一部电影的插曲，影响有多么的大。

即使后来影视行业发展出微电影，继而又从微电影中发展出了短视频，其配乐都是视频作品里相当重要的一环。"抖音"之所以叫"抖音"，其实从一开始的时候，这个平台就是给年轻人交流音乐的一个平台，可能就连抖音官方团队都没想到，抖音发展到现在，竟然拥有了如此多的用户和玩法。

但是既然成了行业老大，就必须保持老大的风范，于是抖音抓紧时间通过一系列的运营举措和商业合作，与《中国有嘻哈》《这！就是街舞》等节目进行深度捆绑，让抖音的品牌形象，始终维系在年轻的、动感的甚至是偏时尚的这样的感官基础上。无论风格和玩法如何更改，都没有触及抖音的内核，即年轻人的音乐社区。抖音完成了一系列的以音乐细分领域切入短视频市场的产品定位创新。

现在我们仅从内容角度来看，抖音的内容为什么这么好看。可以说，音乐起到的作用至少占 50%，不信？你可以试试将手机调成静音，然后打开抖音刷 20 分钟的视频来感受下，恐怕多数人在不超过 5 分钟的时候就会放弃这个挑战。

我们或许分不清"先有鸡还是先有蛋"，但在"先有音乐还是先有文字"的问题上，绝大多数的学者、史学家都偏向于前者。在人类的进化史中，音乐要比文字出现得更早，同时相比于文字，音乐也更能起到影响人情绪的作用。

首先，无论你是否愿意，当你在听到一段旋律的时候，其旋律在脑中都会形成反射，脑干会自动捕获音乐当中一种或多种声学上的基本特性，并识别旋律当中一些值得注意的重要或紧急信息。

第二，人体的生理节律与音乐节奏会产生"共鸣"。人体的一些生理节律（例如心律）在外部的音乐节奏、节拍影响下，和音乐同步。有参加过大型音乐会或者演唱会的人对此应该深有体会。

第三，人体会对一段音乐产生评价性条件反射。某些音乐旋律在某个人的经历里总是会与一些或正面或负面的其他刺激同时出现，这个人在听到相应的音乐时就会被引起相应的或正面或负面的情绪。

第四，音乐能造成一种人类的情绪传染。人类可以比其他动物更加清晰地感受到音乐所传递的情绪，继而将其内化。

第五，人在听到一段熟悉的音乐时会产生视觉想象。例如本节开篇中我们所提到的电影《坦泰尼克号》的插曲《my heart will go on》，观看过这部电影的人在听到插曲时会自然而然地联想到一些电影中的画面，并产生和电影情节相联系的情绪。

第六，音乐能令人产生情节记忆。很多人在恋爱时与恋人共同听的音乐，在两人分手后再次听到时，会让人不自觉地回忆起关于自身的一些过往经历，并触发和这些经历相关的情绪。

第七，人类天生对音乐有一种期待。在一段音乐的行进当中，无论是符合还是违反了听者对于音乐的期待，都有可能引起情绪。

这些由音乐附加给人的情绪或回忆，让人很容易使大脑在音乐的听觉感官刺激作用下和视频本身内容结合起来，这也使抖音上一些原本没那么精彩的视频，在音乐的衬托下，突然多出了很多其他的信息。

或许有些人对此并不认同，但无法否定的是，抖音平台将无数好听的音乐二次捧火。就像是《泰坦尼克号》与《my heart will go on》一样，人们已经很难分清究竟是抖音捧火了音乐，还是音乐成就了抖音。这也能说明为什么抖音在短短的几年时间里，以一个"后起之秀"的身份独占鳌头，将包括快手、微视在内的所有已经形成巨大影响力的短视频平台——挑落马下。因为很多体量巨大的短视频平台，只注重视频的内容，而忽略了音乐这个关键的因素。

♪ 抖音运营一点通

> 抖音之所以能够风靡全国，与强大的配乐功能密不可分。作为抖音玩家，我们要力求在海量的音乐中找出更契合自己作品的 BGM。

用心的配乐能让短视频脱颖而出

在抖音热门视频的传播中，无意间推广或者二次带火了很多优秀的音乐的作品。很多时候，一个视频之所以能够成为爆款，选用合适的 BGM 也起了很大作用。无论是"我们一起学猫叫，一起喵喵喵""爱就像蓝天白云，晴空万里，忽然暴风雨""一想到你我就 wuwuwuwu""像一棵海草海草海草海草，随波漂摇"等流行音乐，还是"你别笑，没那个状态了""我太难了！老铁！我最近压力好大"等网络音频，都已然成为大众传播的洗脑神曲。

这些曲子种类丰富，或搞笑，或恢宏，或动感，或空灵。同样的一个作品，搭配不同的 BGM 会产生不一样的效果，但作为视频的创作者，我们应该清楚一点，并不是只要使用流行的神曲作为 BGM 就能让你的作品播放量更多，更重要的是这首曲子是否与视频内容相搭。无论微电影还是短视频，选对 BGM 绝对能让作品的播放量更上一个台阶。

例如抖音中一位玩家在"十一"黄金周去桂林游玩时，拍摄了很多优美的山水风景素材，但她在发布前几个作品的时候均采用了以钢琴为主的西方轻音乐，虽然也都是很舒缓的曲风，但西方配乐与东方的山水并不是很搭，导致了作品的点赞量并不是很多。但她在最后一个作品里忽然换上了"镜花水月"主题的东方音乐，旋律空灵，极其符合桂林雨后雾气萦绕的画面，让人联想到"犹去孤舟三四里，水烟沙雨欲黄昏""一蓑烟雨任平生"等古诗句，美感异常强烈。最终，这则视频在抖音收获了 220 多万的点赞量。可以说，配乐对这个视频起了关键性的作用，所以音频、音乐的选择，对于上热门的影响也是非常巨大的。和视频内容一样，有趣、合适、易传播的音乐，值得玩家深挖。

什么样的音乐才是最合适的

这个问题并没有固定的答案，首先要看视频内容的属性以及你想要表达什么样的情绪和效果。另外，也要注意 BGM 能否与作品内容的节奏吻合，这一点非常重要，如果 BGM 与内容不"合拍"，在视频播放的过程中就无法调动起观看者的情绪。

尽管 BGM 的选择不是一道单选题，但通过对爆款视频的解析，我们还是能得到一些思路，例如抖音里一些搞笑剧情类的视频，这些作品在一开始会选用一些比较严肃的音乐，然后随着剧情的发展，严肃的旋律戛然而止，在笑料包袱被抖出的同时突然换上了欢快的音乐。这种剧情反转总能令人出乎意料，再配上两段风格截然不同的音乐，更能凸显作品的笑点。

如何寻找热门的 BGM

并不是每个抖音用户都对音乐有很深的了解，即便是一首在抖音上很火的歌曲，也不是每个人都能准确地说出这首歌的歌名，那么当我们在刷抖音时遇到一首自己喜欢的音乐时，要怎么做才能"据为己有"呢？方法有三：

第一，我们可以直接点击左下角的抖音音乐标识点击收藏；然后再进入到"选择音乐"界面，点击"我的收藏"即可找到该音乐。

第二，除了收藏抖音音乐，我们也可以点赞该视频。然后打开"我"，找到"喜欢"，打开该视频，点击右下角的音乐标识，点击"拍同款"。

第三，听歌识曲。这个方法需要用到其他的音乐软件，比如网易云音乐或者是酷狗音乐等，适用于此时此刻正在听但是不知道音乐的名称的情况。因为不知道音乐的名称，在搜索的时候就不知道怎么搜索，贸然在抖音找，无异于大海捞针。用这个小技巧，就能很快地找到该音乐。

具体的操作并不难，打开网易云音乐或者其他有"听歌识曲"功能的音乐 App，在 App 里找到"听歌识曲"这个功能，然后点击开启就能自动识别该音乐。如果你嫌这种方法麻烦，那么还有更简单的方法，但前提是你有两部手机，你可以打开另外那部手机的"微信"，找到"摇一摇"，然后选择"歌曲"，将这部手机靠近正在播放音乐的那部手机，再动手摇几下就可以了。

另外，如果你不想跟风使用这些正在流行的音乐，也可以自己到网上寻找音乐素材。这样的素材有很多，例如"爱给网""音效网"等。以爱给网为例，网站里面有音效库、配乐库、影视后期特效、游戏素材等等。这些素材囊括了各个领域，只有你想不到的，没有你找不到的。而且，绝大多数的素材都是可以免费下载的。

抖音运营一点通

一个短视频要想获得用户的认可，需要具备的元素是多方面的。在认真做好内容的前提下，多听、多看、多积累，选取合适的 BGM，将 BGM 的作用在视频中发挥到最大，也是内容创作者需要不断打磨、学习的一个方向。

利用热门影视片段搭配 BGM

2019 年 4 月，电影《复仇者联盟 4：终局之战》在全国院线火爆上映，这部电影中钢铁侠与女儿之间的那段 "I love you three thousand times（我爱你三千遍）"的对话赚足了广大影迷的感动与眼泪，而电影结尾处，钢铁侠倔强地带上灭霸的手套慷慨赴义也成了漫威超级英雄系列电影的一个无法磨灭的经典画面。在电影热映之时，抖音上有关《复仇者联盟 4：终局之战》和"钢铁侠"的作品如雨后春笋般层出不穷，在钢铁侠的名声被抖音无限放大的同时，也带火了一首英文歌曲《Monsters》。

《Monsters》并非电影插曲，也不是剧中某个角色的专属 BGM，甚至也不是近两年涌现的新歌，而是英国女歌手 Katie Sky 在 2014 年出品的一首歌。之所以这首歌被很多人误认为是《复仇者联盟 4：终局之战》中的插曲，很大程度上要归功于抖音、快手、B 站上等视频创作者用这首《Monsters》为钢铁侠的视频片段进行了后期配乐。

这首《Monsters》在抖音平台上也被称为"爱你三千遍"，许多知名的百万级，甚至千万级粉丝的 KOL 都在自己的作品里使用过这段配乐，也有一些网红歌手对这首歌进行了别样的翻唱，其中较为出名的有"Shirley 林""冷雪儿""鱼大仙儿"。在《2019 年抖音大数据报告》中，《Monsters》成功入选为 2019 年抖音平台最受欢迎的十首歌之一。

一首几年前的流行歌曲，仅仅只是配上一段影视片段，竟然能够引发如此大的"化学反应"，让人不得不感叹抖音、快手等短视频平台对于国人的影响。歌曲《Monsters》加电影《复仇者联盟 4：终局之战》的成功并非个例，与之类似的案例还有歌曲《take me hand》加电影《艺伎回忆录》、歌曲《Despair》加《叶问 4》都取得了良好的效果。

将完全没有联系的电影和音乐通过混剪融合成一部作品成了时下很多抖音玩家越来越中意的玩法。这些玩家希望通过自己的二次加工，让很久以前的音乐或是影视能够重新出现在人们眼前，给人们造成一种"回忆杀"。这种玩法对于影视作品和音乐作品的选择都很重要，一般来说当下院线里最流行的电影最受这些玩家喜爱，对这些电影的片花或宣传片的改造，再加上自己认为最合适的配乐混剪，制作简单，甚至不需要解说配音。

当然，你也可以参考"毒舌电影""考拉电影解说""来呀官人"等账号加入自己对于电影的解读或者解说，这样的作品更容易让人"路转粉"，但这需要花费你更多的时间和精力。

抖音运营一点通

很多抖音玩家在制作视频时都习惯将配乐的选择留在最后，这并不是一个好的习惯，因为很多大神级玩家的配乐在视频制作初期就已经开始筛选了。

把握视频节点，根据视频领域选择配乐

当我们拍摄作品之前，就要想好视频要表达的主题，以及选择符合视频内容基调的配乐。选用 BGM 时应优先考虑是否符合你呈现给粉丝的人设，然后再根据人、事、画面的情绪来选择配乐。举个最简单的例子，如果你是做推理类短视频的玩家，那么所选的配乐就不能太欢快；如果你是做类似于"午夜电台"的情感类节目，BGM 就不能太搞怪。

同一段视频，不同的配乐带给用户的情感体验差异非常大，我们要根据账号定位，明确短视频要表达的内容，再选择与短视频内容属性相配的音乐。最简单的方法是，按照拍摄的时间顺序先进行简单粗剪，然后分析下视频的节奏，根据感觉去搜寻音乐。最后找准配乐的节奏，将素材按照配乐的节奏拼接剪辑起来。

很多刚入门的玩家都不清楚镜头切换的频次与音乐节奏之间的关系。通常来说，如果短视频中长镜头较多，那么就适合使用节奏缓慢的配乐；如果多个镜头的画面是快速切换的，那么就适合使用节奏较快的配乐。这也是本节的主题——根据视频节点调整短视频配乐，让视频内容与音乐更契合。

作为抖音新人，在初期的作品里可以使用纯音乐，没有歌词的纯音乐不受歌词的影响，且自身所带的情感色彩并不多，包容性更强，对视频的兼容度也更高，

只要配乐节奏与视频风格相符就很出彩。

如果你天生乐感强，那么在经历一段时期的"新手期"之后，可以尝试使用带有歌词的歌曲进行配乐，如果你所选用的歌曲歌词和内容完美搭配，那么对你的作品来说无疑是一个加分项。挑选配乐时要细致，不要一味寻求旋律、节拍而忽视了歌词，否则就会起反作用。以抖音上比较常见的几个领域为例，让我们来简单分析一下短视频配乐的技巧。

美食类

美食类短视频大多数还是"唯美风"，通常以"治愈"的名义来赢得用户的关注。这类短视频就选择欢快愉悦的音乐，流行乐、爵士乐、纯音乐作为 BGM 再合适不过了。简单来说，就是听上去让人产生欢快和幸福感。

例如抖音上拥有 340 多万粉丝，以温暖治愈著称的"日食记"，其主创者在 BGM 选择方面遵循着一贯的原则——多以舒缓温情的英文歌曲为主，比如日食记就曾使用过加拿大男歌手安德鲁·艾伦的《sooner》，曲风温馨俏皮，甜蜜轻快，BGM"可口下饭"，让人有一种春天来临，爱意萌生的感觉。

时尚流行类

时尚类短视频的主要用户群体是年轻人，他们更愿意听到充满时尚气息的音乐。比如流行乐、摇滚乐、R&B、电子乐等等，这些音乐风格自带时尚属性，瞬间将视频包装成时尚的弄潮儿。总之，此类 BGM 能让人跟着你一起抖腿，那就证明选对了！

例如有段时间在美妆达人们之间流行的《When you are gone》，这首由艾薇儿演唱的歌自带谁与争锋、舍我其谁的曲风，有一种"姐种的不是草而是灵芝"的牛气。

旅行类

旅行类的短视频就很明确了，视频内容都是世界各地的景、物、人等，这类短视频可以选用一些大气磅礴的音乐，或者爵士乐、流行乐，总之让人觉得拨云见日、身心放松就好。此外也可以选择一些舒缓的轻音乐，一是因为这种音乐包容性强不挑场景，二是抖音上一些短视频作者喜欢将风景画面调成灰白冷色调，这时选择这种风格的BGM就显得非常合适。

而且这种音乐自带很强的叙事性，穿插在每一帧里的音符时而舒缓时而澎湃，很有小众电影风的感觉。虽然这类曲风较为隐晦"不接地气"，却能在短时间内提升剪辑质量。

例如"女行"选用《Beautiful it hurts》作为BGM，瞬间燃起一种让灵魂在路上的冲动，和美景相结合，让人心情潇洒愉悦。

除了根据视频内容风格搭配合适的音乐以外，我们在给短视频配乐时还要注意以下三点：

1. 不要让BGM喧宾夺主

短视频配乐与歌曲拍摄MV画面不同，前者需要BGM适合视频内容，后者则是以歌词为主，拍摄画面激励追求歌词的延续性。拍抖音并不是拍流行音乐的MV，我们不能让背景音乐抢了视频内容的风头。很多时候，不被"注意"到的BGM才是好的BGM，这里所说的"注意"并不等同于"不好听"，如果你选择的配乐不符合大部分用户的审美口味（或者说不好听），那么更是"失败中的失败"——引起观众的注意也算了，居然还是以这样一种方式引起了观众的注意。

2. 寻找配乐时，了解歌曲的出处

在使用配乐，尤其是有歌词的配乐时，一定要保证这首歌的歌词积极向上，且歌词容易让人理解，且能被广大用户所接受。否则，一首太"另类"的歌会很容易令人们从视频中分神。

目前，抖音上很多视频制作者在配乐时，单纯地从歌曲的标题和节奏上判断，而忽视了对歌词内容和主题的理解。例如陈雪凝的歌曲《绿色》是纪念逝去的爱情的，追忆悼念的成分更多，不要动不动就用在婚礼现场，恋爱牵手这些场景中。

3. 不要侵权

由于很多音乐受到版权的保护，所以要确保音乐的合法使用权，这是目前国内视频配乐最容易忽视也最亟待解决的问题。

正如那句西方谚语一般"天下没有免费的午餐"，音乐作为乐曲作者的创意成果，更需要得到尊重。通常而言，使用他人的配乐都有侵权之嫌，但如果短视频非商用目的，且只引用其中高潮的一部分也是没有太多问题的。

另外，对于一些非常喜欢的音乐作品，创作者要是非想加入短视频作品中，可以在网络上搜索这首歌的版权方，并通过站外／站内进行询问联系。一般情况下，这种版权授权使用的价格也不算太高。配乐永远是短视频最重要的组成部分之一，希望我们能够更重视，在合理规范使用的基础上，进行更多的创意配乐、演绎。

♪ 抖音运营一点通

> 　　不同的人有不同的音乐欣赏风格，因此，即便是使用同一视频素材制作出来的作品也会因配乐选择不同而导致效果上完全不同。有些时候，我们也可以反其道而行之，使用反传统的音乐达到出人意料的效果。

抖音 BGM 新玩法：节奏卡点

喜欢音乐的读者朋友一定知道"音乐卡点视频"在抖音有多么流行。与传统的剧情类短视频有些不同，卡点玩法虽然弱化了整个视频的剧情逻辑，但相比于传统短视频，音乐卡点视频看上去更加炫酷。

卡点的玩法有很多种，从简单的图片卡点，到视频与图片的结合，再到纯视频卡点，难度逐层递进。卡点玩法之所以能形成一种潮流是因为这种玩法能给用户带来更强烈的感官刺激，尤其是这种每次转场都能完美契合音乐节拍的作品，更容易被人喜欢。

很多人在第一次看到卡点视频，除了被作品的整体内容所吸引之外，也还会下意识地认为这种作品制作起来难度很大。但其实并不是这样的，对于一些稍微有视频剪辑经验的人来说卡点视频做起来不难，只是需要消耗很长的时间，要求作者根据 BGM 一点一点地剪辑视频素材。

例如在抖音上非常火的一首歌《来自天堂的魔鬼》，这首歌的主歌部分就被改编成了多个版本的音乐素材，被广大抖音玩家应用于自己的卡点视频作品中。其中，抖音玩家"你的子蹇子凛"身穿汉服录制的视频收获的点赞数量多达 107 万。网络上对于这首歌的卡点玩法拥有一套十分详细的教程，感兴趣的读者朋友可自行利用搜索引擎查找，此处便不再赘述。

当然，除了各种各样的"傻瓜式"卡点教学，还有更"懒"的方法，玩家可以利用剪辑软件中的模板进行制作，尤其是入门级的图片卡点视频，在有图片素材的前提下，利用模板制作一个卡点作品，如果操作熟练可能只需要 5 分钟，甚至更短。这里推荐一款十分好用的剪辑软件"剪映"，注册后在主页很明显的位置上就能找到卡点类的免费模板。但这种单纯以图片作为素材制作卡点作品，吸引力十分有限，因此，图片内容和文案就需要创作者进行精雕细琢。同时，在熟练图片卡点的玩法后，可以向图片加视频或纯视频作品发展。

卡点玩法的关键在于"卡点"，其次是 BGM 的选择，最后才是素材。目前抖音里"卡点视频""卡点""卡点照片"这三个话题下发布的作品数量已经超过一百万个，观看量突破百亿次，可见卡点玩法已经受到了广大抖音用户的认可和追捧。如果你乐感很好，并且精通一些音频改编的技巧，那么你完全可以在这个新玩法里对音乐进行改编，让其他用户来使用你所创造的专属模板，成为普通玩家眼中的技术大神。

抖音运营一点通

卡点只是抖音配乐新玩法的一种，还有更多新花样等待抖音玩家们"解锁"。

抖音配乐要避免"超限效应"

"我们一起学猫叫，一起喵喵喵喵喵。"

"若不是你突然闯进我生活，我怎会把死守的寂寞放任了。"

"你笑起来真好看，像春天的花一样。"

对于抖音用户来说，以上几句歌词肯定非常熟悉。说不定有些读者朋友在看到这些歌词的时候，已经不自觉地哼唱了起来，这就是抖音的魔力所在。它可以让某首歌爆火后，不出几天，就能"席卷"整个平台，让用户每刷几条视频就能听见这首歌的旋律在耳边响起，并且也能让一些平时很少听音乐的朋友在浏览视频时不知不觉就学会了多首歌曲的副歌部分。

抖音上爆火歌曲或是配乐自然存在能够吸引用户的基因和特征，但这并不能代表着它本身一定能给视频带来更多的流量和热度。相反，如果当一段视频的内容调性与某一段爆火的 BGM 并不搭配，但创作者还是强行将二者撮合在一起时，反而可能会引起用户的反感。另外，若是某首 BGM 短期内出现的频率太高，也很容易导致部分用户产生反感，这便是心理学中的"超限效应"，即指刺激过多、过强或作用时间过久，从而引起心理极不耐烦或逆反的心理现象。

有关超限效应，在大文豪马克·吐温身上还发生过一个有趣的小故事：马克·吐温听牧师演讲时，最初感觉牧师讲得好，打算捐款；10 分钟后，牧师还没讲完，他不耐烦了，决定只捐些零钱；又过了 10 分钟，牧师还没有讲完，他决定不捐了。在牧师终于结束演讲开始募捐时，由于超限效应导致有些厌烦的马克·吐温不仅分文未捐，他还从盘子里偷了 2 元钱。这件趣事的真假，我们暂且不谈，但超限效应是客观存在的。如果你经常使用抖音，那么可以回忆一下，你是否也有过打开一个视频，当一首近期在抖音出现频率超高的 BGM 刚刚响起时就无比厌烦地划走的经历？因此，当某首 BGM 在抖音爆火时，作为创作者，我们应该考虑到"超限效应"这种能引起用户反感的因素。

同样，在做垂直领域的短视频内容时，针对某个正在流行的话题，创作者跟随热点也应适合而止，不要超过粉丝可接受的限度，特别是旨在诱发别人态度改变的说服和引导，都必须避免无意义的重复。否则，不仅达不到涨粉的初衷，还会适得其反。

♪ 抖音运营一点通

> 创作者在任何时候都应注意"度"。如果"过度"就会产生"越限效应"，因此，我们一定要掌握好"火候""分寸""尺度"，只有这样，才能"恰到好处"地吸引用户关注我们。

历年抖音大数据报告上的热门 BGM 曲单

2018 年年末，抖音官方第一次公布了年度大数据报告。这份报告中包含许多有趣的盘点，如抖音用户每天的活跃高峰期、用户最活跃的城市、不同年龄段的抖音用户最爱拍摄的作品内容……在这些盘点中，最令抖音用户关注的当属年度最受欢迎的背景音乐。一些用户将这些歌曲加入自己的歌单之中，也有一些用户则将这些音乐替换成为手机铃声。当然，更多的抖音用户则是将这份榜单保存起来，留到以后"配乐荒"的时候来用，下面让来我们追忆一下 2018 年以及 2019

年那些流行的"神曲"。

2018 年抖音最受欢迎的背景音乐 TOP10

TOP1：《小星星》

原唱：汪苏泷

副歌歌词：你就是我的小星星，挂在那天上放光明。我已经决定要爱你，就不会轻易放弃。

TOP2：《我怎么这么好看》

原唱：大张伟

副歌歌词：我怎么这么好看。

TOP3：《灞波儿奔奔波儿灞》

出品方：亲宝文化

副歌歌词：我是灞波儿奔，他是奔波儿灞。

TOP4：《学猫叫》

原唱：小潘潘，小峰峰（合唱）

副歌歌词：我们一起学猫叫，一起喵喵喵喵喵。在你面前撒个娇，哎哟喵喵喵喵喵。我的心脏怦怦跳，迷恋上你的坏笑，你不说爱我我就喵喵喵。

TOP5：《沙漠骆驼》

原唱：展展，罗罗（合唱）

副歌歌词：什么鬼魅传说，什么魑魅魍魉妖魔，只有那鹭鹰在幽幽的高歌。漫天黄沙掠过，走遍每个角落，行走在无尽的苍茫星河。

TOP6：《答案》

原唱：杨坤，郭采洁（合唱）

副歌歌词：爱就像蓝天白云，晴空万里，突然暴风雨。无处躲藏，总是让人，始料不及。

TOP7：《好喜欢你》

原唱：王广允

副歌歌词：我 好喜欢你 wu~ 爱你 wu~ 你是上帝送给我的礼物。

TOP8：《纸短情长》

原唱：烟把儿乐队

副歌歌词：怎么会爱上了她，并决定跟她回家，放弃了我的所有我的一切无所谓。纸短情长啊，诉不完当时年少，我的故事还是关于你呀。

TOP9：《囧架架》

原唱：Joao Lucas，Marcelo（合唱）

副歌歌词：Eu quero tchu，Eu quero tcha，Eu quero：tchu tcha tch á tchu tchu tchá ，tchu tcha tchá tchu tchu tchá 。

TOP10：《生僻字》

原唱：陈柯宇

副歌歌词：茕茕子立沆瀣一气，踽踽独行醍醐灌顶。绵绵瓜瓞奉为圭臬，龙行龘龘犄角旮旯儿。娉婷袅娜涕泗滂沱，呶呶不休不稂不莠。

2019 年抖音最受欢迎的背景音乐 TOP10

TOP1：《你笑起来真好看》

原唱：李昕融，樊桐舟，李凯稠（合唱）

副歌歌词：你笑起来真好看，像春天的花一样，把所有的烦恼，所有的忧愁，统统都吹散。你笑起来真好看，像夏天的阳光，整个世界全部的时光，美得像画卷。

TOP2：《你的答案》

原唱：阿冗

副歌歌词：黎明的那道光，会越过黑暗，打破一切恐惧，我能找到答案。哪怕要逆着光，就驱散黑暗，丢弃所有的负担，不再孤单。

TOP3 :《芒种》

原唱 : 赵方婧

副歌歌词 : 一想到你我就 Wu……恨情不寿，总于苦海囚。Wu……新翠徒留，落花影中游。Wu……相思无用，才笑山盟旧。Wu……谓我何求。

TOP4 :《我愿意平凡的陪在你身边》

原唱 : 王七七

副歌歌词 : 长得丑，活得久。长得帅，老得快。我宁愿当一个丑八怪，积极又可爱。长得丑，活得久。长得胖，日子旺。我宁愿做一个平凡的人，陪在你身旁。

TOP5 :《绿色》

原唱 : 陈雪凝

副歌歌词 : 若不是你突然闯进我生活，我怎会把死守的寂寞放任了。爱我的话你都说，爱我的事你不做，我却把甜言蜜语，当作你爱我的躯壳。

TOP6 :《有可能的夜晚》

原唱 : 曾轶可

副歌歌词 : 让蜡烛代替所有灯，让音乐代替话语声，此时无声胜有声。如果要我开口，只能说一句话，让我成为你的有可能。

TOP7 :《野狼 disco》

原唱 : 宝石 Gem

副歌歌词 : 来，左边跟我一起画个龙，在你右边画一道彩虹。来，左边跟我一起画彩虹，在你右边再画个龙。在你胸口上比画一个郭富城，左边儿右边儿摇摇头。两个食指就像两个窜天猴，指向闪耀的灯球。

TOP8 :《心如止水》

原唱 : Ice Paper

副歌歌词 : talking to the moon，放不下的理由，是不是会担心，变成一只野兽。walking on the roof，为心跳的节奏，是不是会暂停，在时间的尽头。

TOP9 :《把孤独当作晚餐》

原唱 : 刘旭阳

副歌歌词 : 把孤独当作晚餐，却难以下咽。把黑夜当作晚安，却夜夜失眠。

TOP10 :《Monsters》

原唱 : TIMEFLIES 乐队，Katie Sky（合唱）

副歌歌词 : I see your monsters，I see your pain。Tell me your problems，I'll chase them away。

除了上榜的二十首歌，还有许多抖音上传唱度很高的歌曲（纯音乐）可以保存下来，在今后用作自己作品的 BGM。这些广为人知的歌曲有 :《大田后生仔》《一百万个可能》《侧脸》《遇见》《佛系少女》《病变》《不仅仅是喜欢》《慢慢喜欢你》《我们不一样》《绅士》《九张机》《下山》《追光者》《醉赤壁》《来自天堂的魔鬼》《公子向北走》《你的酒馆对我打了烊》《渡我不渡她》《我曾》《狂浪》《浪子回头》《青鸟》《世界这么大还是遇见你》《PLANET》《我的名字》《少年》《勇气》《惊雷》《那女孩对我说》《听妈妈的话》《霍元甲》《苏幕遮》……

由于篇幅的关系，就不罗列更多，对抖音流行歌曲感兴趣的朋友可以自行上网查询相应的排行榜，了解更多热门音乐的信息。

♪抖音运营一点通

作为一款音乐创意短视频社交软件，在认真做内容的同时也要注重配乐的选择。

硬核玩家访谈：Vlog，用心记录美好生活

图6-1 "itsRae"抖音主页面

到处旅行几乎是每个人的梦想，但是有些人迈出了双脚，有些人却被现实的种种因素，阻挡了前进的步伐。百分之九十八的女孩梦想着去看世界，但只有少数人敢于面对路上遇到的麻烦和困难。

作为一个旅行爱好者，"itsRae"经常独自一人出去旅行，她到过撒哈拉沙漠，去过冰岛眺望极光，也曾漫步于摩洛哥的蓝色小镇。在 Rae 的镜头里，旅行有沿途风景，更有人和故事的感动和东西方的古老文化。

一架无人机、一台相机和一个三脚架已经成为 Rae 出门的必备装备，Rae 爱旅行也爱拍摄，除去旅行爱好者的身份，她还有另外一个身份——vlog 博主，她

在抖音也开设了账号，如今她的抖音账号"itsRae"已经拥有了1200多万粉丝。

Rae习惯在旅途中用镜头记录自己，她的粉丝则习惯看她的vlog，与她分享在旅行中遇到的故事——"妈妈说，生活就像一盒巧克力，你永远不知道下一块会是什么味道。"这是电影《阿甘正传》的开场白，也是Rae下定决心驱车到犹他州观光旅行的"咒语"。用Rae的话说："当我重温这部电影的时候，不知道是被阿甘跑步的精神所感动，还是被犹他州的风景所吸引，总之，我决定我要去犹他！"对于生活的热忱和对自我表达的热衷驱动着Rae开启了独自一人的自驾之旅。

深夜12点，美国犹他州的锡安国家公园无比安静，Rae独自一人开着车穿过山路。她在寻找来之前订下的民宿，手机导航没有信号，路面上黑不见人，一路驱车没见到一盏路灯、一家旅店，偶尔只有小鹿站在路边，被车灯照到时，又匆忙逃开。

Rae感到有些心慌。终于，她见到一座房子，壮着胆子上去敲门问路。几经辗转，她最后在一座房子的门口，发现了一个纸信封，里面放着一把民宿房间的钥匙和一张手绘的地图。

这个场景至今让Rae印象深刻，每每想起，依然能清晰地感受到当时的孤寂、不安以及惊喜。

事实上，这并不是她拍摄的第一个vlog，在Rae还没有从纽约大学毕业的时候，她就已经开始利用课余时间从事vlog作品的拍摄和剪辑，她喜欢用镜头客观地记录自己经历的喜怒乐哀，虽然最开始的时候她并没有成为vlog博主的打算，但她就是喜欢用vlog的方式记录自己的生活。

Rae的第一个vlog作品记录了她在纽约大学里平凡的一天，她将琐碎的生活用一个个镜头串联起来，构成了一条六分钟的视频。她将这个作品发布到社交平台上，尽管回复的人很少，但是Vlog这种从视觉、听觉、内心感受三个维度呈现生活的方式却令她喜欢得不得了。于是在这次拍摄之后，录制vlog便成了她生活当中的一大爱好。

2017的5月，Rae从纽约大学正式毕业并顺利拿到学位，她在整理好个人物品，打算搬出学生宿舍的时候，忽然产生了一个大胆的想法。她不想就此回国，而是想以一个 vlog 博主的身份过自己想要的生活。于是在 Rae 将想法告诉自己的家人并征得同意后，便购买了人生当中的第一个三脚架，开始了奇幻的犹他之旅。事实上，家里并不看好 Rae 的想法，家人希望 Rae 能有一份稳定的工作，而不是过漂泊的生活，但最后家人还是尊重了 Rae 的选择。

这次犹他之旅并没有给 Rae 在微博带来太多粉丝，但至少为 Rae 积累了很多文案与拍摄方面的经验。Rae 真正被人们所熟知是在她专职做 Vlog 的一年后，2018 年 8 月底，Rae 在朋友的推荐下下载了抖音，并注册了账号，她将自己之前的素材重新剪辑，上传到抖音平台上，只发布了几个视频，就令她收获了百万粉丝。那之后，Rae 除了在微博、B 站更新视频，也开始在抖音上陆续发布自己的旅行 vlog，这种新鲜的记录方式备受抖音用户的欢迎，使她在短短一年半的时间里就积累了 1200 多万粉丝。

由于抖音平台的调性与微博不同，抖音的用户更喜欢短平快的内容，所以 Rae 每一个 vlog 作品都会剪辑出两个版本，她将一分钟时长的版本发布在抖音，将另一个时长长一些的版本投放到微博和 B 站。

vlog 作品看似随意，但拍摄过程却需要 Rae 投入大量的心血和精力，Rae 的作品之所以广受好评，其原因是她的作品是完整的，并且有故事线、主题、逻辑以及情感。观看过她上传的视频就可以知道，她可以生活繁华的纽约，偶尔去迪拜潇洒，也可以坐在田埂上和那些朴素的藏民交谈，坐在独龙族奶奶的房子里吃一点儿也不丰盛的饭菜。视频中，我们可以感受到她面对她所遇到的所有事物的平等，善意，温柔，尊重，包容和接纳，她的善意不是施舍，而是认可，她会感谢来自外界的帮助，但不会依赖于此，她会发现生活中任何一点小小的美好，小到穿衣穿袜，在她的视频中都充满着仪式感。

除此之外，"成长"也是 Rae 不断向粉丝传达的核心观念，无论是打卡网红景点，还是去揭秘大家没有看到的故事，甚至只是碰见一件小事儿，Rae 都能用她的方式去诉说成长的故事。Rae 对自己的作品质量把控很严，她觉得当网上开始有一堆好朋友在等着看自己的 vlog 时，做 vlog 就不再是一个人的事情了，因此，让粉丝看完视频后有所获得是她目前最大的诉求。vlog 之于 Rae，是生活记录，是精心打磨的作品，也是自我表达的出口。为了拍出好看的风景镜头并有所产出，Rae 下了极大的功夫，除了摄像机，她还准备了很多设备，每次到了车无法前行的地方，她都需要背着大量设备步行，直到走到一个她认为"看起来还不错"的地方，才肯停下拍摄素材。

然而拍摄 Vlog 作品的难度，远远不止在背设备、拍摄、剪辑、配乐这些技术和体力活上。Rae 认为更重要的是拍摄者如何运用自己的创作能力去构思主题、策划内容结构、实现创作、并最终表达自我个性。毫无疑问，这种超出 15 秒的长视频，它的创作门槛是非常高的。Vlog 不是漫无目的拍摄素材，这样做只会让观众在观看时充满困惑，尤其是当创作者在主题不明确、没有提前规划的情况下录制作品。

Rae 目前拍摄一个 vlog 作品大概需要两周的时间，她每去一个地方之前需要将目的地全面了解，做一个周全的拍摄和旅游计划，定好文案大纲，到达目的地后开始有计划的拍摄。每次旅行最后，她都会给自己留下几天的时间好好享受一下沿途的风光，跳脱出生活带来的压力束缚。与此同时，她喜欢从风光中寻找自然的魅力，这种平静中的探索和感悟对后面的创作尤为关键。

2020 年，风头正盛的 Rae 却忽然放慢了前进的脚步，在没有任何征兆的情况，视频作品停更五个月。在 Rae 回归抖音的视频里，面对着镜头，她直言停更的原因是自己还没准备好当网红，因为太多的舆论压力，所以她选择了停下工作，好好思考接下去的路该如何去走。长时间的停播导致 Rae 失去了一部分粉丝，这是没有办法的事情，而这次洗尽铅华，整装待发的 Rae，又将会给粉丝带来什么样的视觉盛宴和心灵洗礼？想必 Rae 已经在修整期间收拾好心情，做好了决定。不信你看，复出之后的 Rae 在镜头下依旧笑靥如花，好像从未受过伤害，仍旧自信强大！

问答环节（节选）

作者：很荣幸能够邀请到 Rae 进行采访。我们知道，你是在 2018 年入驻的抖音，在抖音创作短视频不到两年时间中，通过自己的努力，不但聚集了超过 1200 万的粉丝，将自己从素人打造成抖音名人，期间还与著名的 MCN 机构 papitube 进行了签约。在拿起摄像机，成为一名 Vlog 博主之前，有想过自己能够取得现在的成就吗？ Vlog 对你来说意味着什么？

Rae：比起日记、绘画这些创作方式，视频很具象，在传递情绪上略胜一筹，它可以记录我想表达的故事，我非常喜欢这种记录心情的方式。我从很早以前就开始做视频，也帮一些朋友拍摄过生日 PARTY。后来视频做得多了，我就想如果上传到网上，会不会有人喜欢我的作品。我做视频是出于热爱，同时，我也想和网友分享我的生活，至于现在 vlog 变成一个很有热度的记录形式，我其实是没想那么多的。

作者：作为一个抖音 KOL，处理好和粉丝之间的关系，最大的障碍或者说挑战是什么？

Rae：我觉得首先应该是真实吧，向粉丝传递一些有趣并且很正能量的东西。我知道现在网上有很多人说"你肯定是包装出来的，背后有团队支持"，其实我在作品里面说的每句话，传达的每个故事，表现出来的每个动作都是真实的我。在绝大多数情况下，我的确是一个人在旅行，但我从来没想过什么所谓的标签（独自旅行）。我做视频最大的诉求是希望粉丝花时间看我的视频，能从中获得一些东西，无论是减压、开心，他接收到的信息和我表达的是一致的，或者说让他们在沮丧的时刻能有一点安慰，支撑他往前走，觉得没有在我的账号上浪费时间，这就足够了。

作者：网络上的质疑和批评，有没有影响到你的生活？

Rae：基本没有什么影响，生活中或者朋友间都有审美不一样的同学，但是没关系，总有欣赏你的那一类人，不能奢求所有人都跟我一样。视频的拍摄是一个非常个性化的事情，没有必要缩手缩脚，也不想刻意地去迎合谁，我就是想展现自己喜欢的生活。

作者：多数时候你都是一个人自驾旅行，身为一个女生，你如何保证自己的出行安全？

Rae：女孩一个人出去，我觉得最重要的首先是要选好地方，这个地方要保证你是安全的。还有一个就是做功课，最后要有防范意识和辨别能力。

作者：相信你在录制视频作品的时候一定遇到过很多难忘的事，能跟粉丝们分享一下吗？

Rae：我在犹他州的时候，晚上12点一个人开车穿过国家公园，全部都是盘山公路，没有一盏路灯，非常黑。荒郊野外找不到之前联系的民宿，我当时得到的教训是白天的拍摄任务和时间没有安排好，所以我出发的时间延后了，所以就是出去时如果要自驾的话，行程上可能要更加合理的安排。

作者：类似这样的阻碍有让你产生过放弃的念头吗？

Rae：那倒没有，不过说真的，现在回想起这段经历是有一些后怕的，但是这些阻碍也是我生活的一部分，即便我不拍vlog作品，也会遇到一些比较坎坷的事情，不是吗？

作者：能简单分享一下拍摄vlog的心得和经验吗？

Rac：每个作者都有自己作品风格。对我而言，我的作品看重的是故事性，但并不追求完美。我觉得一些缺失或者说遗憾能让故事更丰满，并且更真实。只有把这些东西完完全全地呈现出来，才能让观众感受到我当时的心情。还有就是，vlog并不仅仅是"流水账"式的记录，而是需要投入很多精力进行二次创作，在保证作品完整度的同时还要让它看起来很随意。我个人觉得一部vlog作品最主要的构成需要四个方面：完整的故事线，明确的主题，逻辑清晰，有血有肉的情感。另外就是作品节奏的问题，因为抖音和其他的平台不同，抖音对创作者的要求很高，因为多数抖音用户都喜欢看时间很短的作品。所以我要尽可能地抓住作品的前几秒。其实，我的每一个vlog作品都会剪辑两个版本，一个是一分钟时长的版本，我会发在抖音。另一个是时长长一点的版本，我会放到微博里。

作者：很多抖音上的小伙伴在看了你的作品后，也想成为一名 vlog 博主，对此，你有什么好的建议或者意见？

Rae：首先是热情，我觉得这个还蛮难的。尤其是刚开始做 vlog 的时候，你要随时拿起相机去拍摄，有时候我也会偷个懒什么的，然后创作的时候就发现我要是当时记下这个画面就好了。其次是感受力，你要去感受你旁边的人和关系，周遭环境。比如我拍很多小故事什么的，如果我不记录的话，一晃又过去了，过了一段时间我也不记得了，那就是去感受它，然后把它记下来。第三点是总结成学习能力。比如我刚开始拍 vlog 的时候，会套用我在 YouTube 上看到的创作风格，随后发现这种风格并不适合抖音，或者不太适合某一个平台。那就需要创作者不断提高剪辑、拍摄或者文字上的功力。最后是设置一个底线，现在对我来说，不管我做出来的视频有多少人看，大家喜不喜欢，至少每一个作品都要先要过我自己这一关，如果一个作品连自己都说服不了，更不用去想打动别人。我觉得创作的过程是放松的，去单纯的感受城市和你的生活，不要带着一种压力和任务去做。

作者：你认为一个 vlog 博主应该是记录美好生活多一些，还是记录真实生活多一些？

Rae：每个人都不同的风格，就我自己而言，我还是喜欢拍一些真实的生活。

作者：短视频创作者应该如何处理广告植入，在跟粉丝坦诚与保持营收中做平衡？

Rae：这个不太好说，因为我也是最近才开始接广告，之前也特别害怕伤害观众和自己的视频内容，想呈现最好、最纯真的东西给大家。我在接第一条广告的时候非常担心，害怕观众们接受不了，所以一直在想怎样植入才能让它更软，让观众不易察觉。后来我发现其实还好，粉丝对广告的宽容度在慢慢提高，比我想象中的好很多。然后看很多留言都是交流广告的事情，我就还蛮欣慰的。大家都能够理解，接广告也是为了 vlogger 更长久，更有保障去做视频。我觉得接广告不是我需要避讳的事情，因为我觉得拍出一条好广告的难度更大。所以，如果拍摄出好的广告，成就感也蛮高的。它有点像命题作文，我觉得首先要让粉丝和客户感受到我的诚意，我会保证除了广告外的部分也一定是优质的，不能因为我加了广告这条视频的质量就打折扣了，我觉得这也是对品牌和观众的责任心。所以既然大家都能接收到诚意，品牌方也不会硬植入，所以这个还蛮好平衡的，当然我也刚接触到变现，目前也在学习这种节奏。

作者：有什么话想对一直支持你的粉丝说？

Rae：非常感谢大家能够喜欢我的作品并且关注我，你们的留言我有抽出时间去看，但是太多了，我无法做到一一回复，希望大家见谅。粉丝的支持令我感到在创作这条路上不是那么孤单，感谢你们的陪伴。

敲黑板，划重点：本章重点内容回顾

好的配乐，能让一部短视频作品化腐朽为神奇。如何为自己的短视频作品选择配乐，这需要我们广泛收集素材，并充分发挥想象力。好的视频需要创作者根据视频的内容主旨、整体节奏来选择配乐，没有固定的公式套路和标准答案，这无疑给创作者在选择配乐时增添了一些难度，可也正是这种"无标准化"才让抖音更加多姿多彩。

第 7 章

拍摄技巧：
七个方法，教会你拍出特效"炸裂"的作品

抖音之所以能够风靡全国，让数亿用户欲罢不能，除了其平台自身的优秀内容输出能力外，那些大神级玩家在作品中运用的堪比好莱坞电影的各种专业视频拍摄技巧也是重要原因之一。

这一章中，我们将重点介绍，一名新手玩家如何在没有专业团队支撑，仅靠一部手机或 DV 的情况下拍出高格调、吸引人的手机短视频。

创意、脑洞、趣味，短视频拍摄三要素

抖音玩家想要获得足够的流量，从而达到涨粉变现的目的，就必须在作品上更胜其他创作者一筹。一般来说，创意、脑洞及趣味是构成爆款短视频的核心三要素，短视频引流能力与之密切关联。

好的创意让你的作品占尽先机

短内容创作的难点主要集中在内容类型定位和内容形式创作上，对于如何创造热点和借鉴热点也有一些想法。同时，内容创意必须包括内容叙事创意和编辑创意。不断出现的虚拟现实、增强现实、航空照片、增强照片等新技术都为短视频的内容创造带来了许多新手段。

在抖音上，各种各样的艺术创意五花八门，例如，2018 年抖音短视频年度最受欢迎的十类舞蹈中，"手势舞"技压群雄，接连打败街舞、民族舞、芭蕾舞等舞蹈斩获第一名的殊荣，足以见得人们对于创意新玩法的喜爱。

新奇是抖音创作者吸引用户的主要方式，我们可以看到，每逢发生热点事情时，很多抖音玩家都会从某种新奇的角度切入，将自身的观点或想法融入作品之中。例如抖音里的"魔音改哥"，他总是能将一起事件或是一个故事以说唱的形式呈现给大家。

脑洞大开，无数"戏精"在抖音尽情摇摆

"脑洞"一词与"新媒体""智能手机"一样，都是最近几年才出现并且流行起来的词汇。脑洞的含义是指脑海里有一个洞，需要用超强的想象力填满，简单来说，是形容人想象力非常丰富的意思。如果你经常上网，就会发现网上总会出现一些想象力超出常人的言论，网友们将这些语出惊人的人称为"脑洞大师"。

短视频领域里，也有着许许多多的"脑洞大师"，他们的作品形式和内容非常新颖，且趣味十足，同时当中也少有令人思考的东西，这更易于作品的传播。例如抖音上美食领域做吃播的玩家，他们在海底捞就"开创"出一种新吃法——将生鸡蛋和虾滑搅拌后填装进油面筋，然后放入火锅中煮熟吃。除此之外，脑洞大开的吃播玩家们又相继开发多种新吃法。以至于，后来一些海底捞的服务员在接待年轻顾客时会主动询问是否要点"抖音同款"。

类似的新奇脑洞还有很多，这些脑洞逐渐成了抖音的日常话题——Supreme喷钱枪、打吊瓶的蜘蛛侠车饰、吹着萨克斯的盆栽向日葵、一捏就会动的兔耳朵帽子……这些从抖音走红的潮品越来越被大众所认同。

如果用更加简单易懂的话语来概述这种脑洞玩法，或许可以在许多我们很熟悉、习以为常的事和物上稍做调整和改变，找出与众不同、耳目一新的玩法和升级。

趣味十足的作品才是观众们最喜欢看的

新媒体时代，带有强烈个人主观引导、说教行为都是粉丝所不喜的，相比之下，用户更喜欢看到多才多艺的达人所带来的精彩表演。几乎每个短视频平台都有自己的特性，"年轻化、新潮、趣味"一直是抖音的代名词。抖音 App 的广告开始大范围出现在公众的视野以来，其平台的发展走向就一直被大批有个性、炫酷的年轻人主导着。之所以一群年轻人愿意聚集在抖音社区上，是因为他们能够找到一种畅快的自我表达方式和别人对自我的价值认同，圈层化比较明显。

趣味性的短视频内容在抖音上是非常受欢迎的，继而衍生出了大量轻松、娱乐化、受到广大年轻人所喜爱的内容。另外，抖音平台自带的丰富的背景音乐和一些特效的选择，也能让普通用户制作出个性化、动感十足的短视频，在让用户

获得创造的愉悦感的同时也可以收获更多认同感。

以上三要素是拍摄趣味抖音爆款视频的基础，而对运镜拍摄的玩家来说，真正的决定性因素是拍摄技法。绝大多数抖音玩家在拍摄视频时都会使用手机而非专业的拍摄设备，因此在缺少三脚架和移动摄像车等设备作为辅助的情况下，拍摄出的画面几乎全程都在"晃动"，这就需要运镜者想办法克服手抖的习惯。

另外，当我们使用手机进行拍摄视频时，也会经常出现拍摄画面模糊的情况，这通常是由对焦失误造成的。一个视频，且不论其内容如何，最起码要足够清晰，要让用户可以看得清楚。要拍出清晰度较高的视频，就要注意手机拍摄的两个功能——对焦和画质。首先，大多数手机默认的对焦方式是自动对焦方式，在拍摄静态物体时可以帮助使用者，以最快的速度找到拍摄的焦点。但在拍摄动态事物的时候，自动对焦会因为物体的动作而产生焦点的变化，从而造成视频的模糊。而我们拍摄的抖音视频大多是动态的，所以在拍摄的时候尽量不要使用自动对焦功能。

其次是画质功能，手机在初始设置中为了节省内存空间，拍摄出的视频，通常不是以手机的最高画质标准进行存储的。后期在上传和修改时也会造成画质的缺损，所以视频创作者要修改手机的设置，尽量以最高画质来拍摄视频。

♪ 抖音运营一点通

　　作为抖音短视频创作者，我们必须与平台的风向标保持一致，在作品里营造出一种用户愿意与之交流的氛围。根据自身的优势，来解决抖音用户的实际需求。只有当观众对你的作品产生认同感，才会有兴趣进一步了解你这个人。

边旅行，边拍摄，助你赢在起跑线

抖音的流行让许多热爱旅行的游客，从拍张照转变为拍个抖音，"打卡"的习惯在不知不觉间改变。在抖音官方团队发布的《2019年抖音大数据报告》，我们可以清晰地看到，抖音用户全年打卡6.6亿次，遍及全世界233个国家和地区。其中，有关西安"大唐不夜城不倒翁"视频的播放量为23亿次，可谓是"一人带火一座城"。

随着抖音短视频的广泛流行，旅游渐渐成为该平台上出现的高频词之一。除了被"不倒翁小姐姐"带火的西安，上海迪士尼度假区、成都大熊猫繁育研究基地、北京故宫博物院等热门景点也成了抖音用户喜欢打卡的旅游胜地。抖音的"云旅游"不仅吸引了大量的用户驻足浏览，同时也引发了全民创作的热潮。观察抖音上走红的旅游视频不难发现，新、奇、怪的特色旅游景点往往成为大众关注的热点，这些视频的观看量往往比那些利用无人机进行航拍的大团队所拍摄出的作品还要高。同样拍摄风景作品，如何选择拍摄地点，作品能否抓住受众感兴趣的点成了作品是否能够火起来的关键。

上线了，故宫！她的粉丝比官方账号还要多

在抖音平台里，专门做故宫视频的抖音玩家不少，但能做到比"带你看故宫"这个由故宫博物院宣传院所运营的官方账号粉丝还要多的玩家只有一个，她就是抖音ID"上线了，故宫！"的创作者。"上线了，故宫！"在抖音共发布160余部作品，其中绝大多数作品的拍摄地点都在故宫内。该账号持有者是一位长发的女生，在她的100多部作品中，对占地面积约72万平方米的故宫几乎进行了全盘讲

解，因此在抖音上，人们称她为"故宫小姐姐"。

如果说，"不倒翁小姐姐"是西安大唐不夜城的"流量担当"，那么"故宫小姐姐"也绝对可以被看成是故宫的"民间推广大使"。这位"故宫小姐姐"在 2019 年 3 月发布了她在抖音上的第一个作品，从此便开启了故宫之中的讲解之旅。在她的作品中，有对宫殿建筑群的讲解，有清朝宫内发生的一些趣闻，也有为游人讲述了故宫内留影拍照的小技巧，几乎所有与故宫有关的见闻和小知识都能在她的作品里看到。

一脚油门儿，带你去看天涯海角

在电影《飞驰人生》中，主角沈腾有一句令人印象深刻的台词："民用前驱车的启动，需要在离合器的临界点把握左脚的力度。这样，才能有更好的抓地力。"然而在现实生活中，一脚油门儿，加速行进，最远能去哪儿？抖音上 ID 为"一脚油门儿"的短视频创作者正在用亲身经历告诉了我们答案：一脚油门儿的距离，足以抵达天涯海角。

"生活总有向往的远方，一旦出发就不远。一生中总有几个非去不可的地方，不在梦里，只在紧握方向盘的手里。"这是 2017 年，"一脚油门儿"在一个汽车论坛里发帖时的自述。"生活不止眼前的苟且，还要有诗和远方"，或许是彻底感悟了这句话的含义，于是"一脚油门儿"在上海独自打拼的第九年，不顾领导的挽留毅然选择辞职，开着一辆"沪 C"牌照的车，展开了壮阔的天南海北自驾之旅。他从上海出发，沿青藏线到拉萨，然后走阿里南线、新藏线进新疆，再走沙漠公路穿越塔克拉玛干，然后沿 G7 京新高速出新疆、横穿内蒙古，经乌兰布统来到呼伦贝尔，接着沿加漠公路北上，穿越大兴安岭的林海雪原，最终回到上海。

就在亲戚朋友以为他"疯够了"，将要回归平静生活时，他却在短暂休整之后再次启程，而这次，他开着车载上父母，去了更远的欧洲。在这场长达 150 多天的自驾游中，他与父母途经 21 个国家，这次旅行不仅增长了许多见识，更完成了父母出国旅行的愿望。

2019 年，"一脚油门儿"继续启程。这一次，他开着那辆"沪 C"牌照的车前往美洲大陆。他在堪察加半岛近距离地拍摄了棕熊在湖中捕鱼的画面；在加拿大温哥华偶遇同样追梦的同胞车友；在距离多伦多 165 公里的格雷文赫斯特小镇上的白求恩先生的故居前，献上了自己最真诚的敬意。

2020 年 2 月初，这次美洲之旅还在持续。此时的他已经开车穿越加美边境，来到了美国洛杉矶。2020 年 1 月 26 日，前美国职业篮球运动员科比·布莱恩特因直升机事故遇难，作为科比的忠实粉丝，"一脚油门儿"午餐时从新闻上得知自己偶像的去世，震惊之余，内心无比悲痛，这也加快了他之后的行程。2 月 4 号，风雨兼程的他抵达洛杉矶斯台普斯球场，在作品中，"一脚油门儿"向科比表达了深切的缅怀之情。在几天后的短视频作品里，他带着 248 位中国球迷的心愿来到科比生前居住的小区门口，带着沉重的心情在那里放下 248 束鲜花以表敬意。

"一脚油门儿"的作品多是与自驾游相关，从上海到西藏，从国内到国外，短视频中大自然的美景令无数观看抖音的人心驰神往。

城市里的故事，"话说北京"讲得最朴实

在中国，如果说北京算不上"网红"城市的话，那就真的找不到"网红"城市了。在北京三环以内，白天和黑夜你可以看到两种完全不一样的城市风景，白天的北京就像个安静优雅的小妇人一样，带有些许的小资情调，不骄不躁，安静地坐在那里，这里随处可见的街道也都是一副质朴无华的模样。而到了夜晚，整个北京就像是换了一个样，到处一片欢声笑语、霓虹闪烁的景象，街道上也开始涌进一股股穿梭不停的人流，简直和白天的北京有着翻天覆地的不同。

在抖音上，"话说北京"的粉丝与其他一些专门讲述老北京故事的账号相比并不是很多，但"话说北京"的主创人视角独特，专门记录北京这座城市里那些不为人知的细节——胡同深处的民国私人小洋楼、老北京四合院里的禁忌、旧时京城里的"鸡毛小店"，还有姜文指导的电影《阳光灿烂的日子》里那铺着青瓦的屋顶，马小军在黄昏的夕阳下光着膀子低头走过房顶，却浑然不觉有人正站在巷子里偷偷地看着他……

在"话说北京"的作品中，我们总能看到城市中那些司空见惯的风景的另一面，加上思考与反问，这一段旅程充满了脑力激荡的重量。身为土生土长的北京人，"话说北京"毫不掩饰对北京的热爱，在城中漫步又何尝不是一种旅行？他拍摄从小到大在北京的生活足迹，引发了抖音用户的许多共鸣。在北京这座城市众多繁华光景中，"话说北京"专注记录那些更接地气的角落。透过他的镜头，粉丝们了解到北京城老巷子里的怀旧和宁静。通过"话说北京"的讲述，你似乎隔着屏幕都能闻到老北京胡同里的烟火气，感受到熙来攘往的嘈杂与浓厚的人情味。

在抖音，旅游领域的作品之间竞争十分激烈。打开抖音，我们可以看到北京故宫、武汉欢乐谷、郑州锦艺城海洋馆、万龙滑雪场等机构纷纷进驻抖音开设官方账号，种类横跨在线旅游企业、景区、酒店、主题公园等。此外，还有大量导游、旅游咨询、客栈民宿、旅游达人，也在该平台上保持活跃。下至游客，上至企业乃至整个城市，抖音的走俏，为旅游业掀起一场全民狂欢的同时，层出不穷的短视频达人也将旅行作品拍摄出了新意和花样。对于抖音的旅游大神而言，旅行已不再是紧张生活中的调味品，而是成了他们生活中的一部分，这群抖音旅游领域的弄潮儿正在用心丈量全世界。

♪ 抖音运营一点通

> 一部好的抖音作品，除了出众的文案和配乐，讲述故事或演绎剧情的拍摄地选址也是一门很深的学问。只有契合作品主题，才能让你的短视频事业走得更加长远。

视频封面的重要性与设计技巧

在抖音，当用户点开某个作者的视频主页时，第一眼看到的就是封面，如果你的抖音封面足够吸引人，那毫无疑问，你作品的点击量就会噌噌噌地不断上涨。可以说，一张具有特色的抖音封面，是低成本获取流量的不二捷径。

如果你随意点开一些拥有百万级粉丝 KOL 的个人页面，你就会发现，尽管这些 KOL 的作品封面样式各不相同，但至少这些封面都具有一个共同点——制作精美，并且他们会持续保持这种封面风格。下面介绍几种抖音视频封面设计的技巧。

用真人照片当作封面

这类封面的操作成本低，可以直接用视频里的某个截图搭配上文字作为视频封面，例如抖音上粉丝超过 2600 万的张大仙，虽然他是一名手机游戏的主播，但在他的抖音个人主页中，所选用的作品封面绝大多数都是他本人在视频中的形象，而非手游中的画面。

张大仙在视频封面添加文字的做法也很简单，最方便的做法就是把封面文字加在视频最前面的几帧上。然后提取视频关键点，将这几帧视频变成标题封面。封面文案可以用疑问句或者省略号的形式，一方面让用户更有情境的代入感，另一方面也会激发用户的好奇心。

如果你认为这种直接提取文字封面没什么创新，那你不妨自己设计一个固定的模板，每次只需要替换主题的关键词就好。例如，抖音中的"呼叫网管"所使用的就是自己设计的模板。这里需要注意的是，使用固定模板当作封面固然能够从整体上提升作品页面的美感，但你要保证自己作品的差异性，不然空有模板，作品因模板的束缚导致同质化太严重，反而失去了意义。

比起照搬模板，半模板的贴片式操作起来更灵活，也更能起到加深品牌影响力的作用，只需要设计好一个固定贴片模板，每次替换不同的内容就好。这样贴片式的封面不仅操作起来成本低，也会让用户在潜移默化中，加深对你的影响，像电商界的口红一哥"李佳琦"在抖音平台所使用的就是这样的封面。

"买家秀"刺激点击

在某些商品属性比较高的领域里，创作者通常习惯以成品的照片来吸引用户的点击。例如很多小吃摊的老板或者奶茶店的店长，就会将自己拿手的美食当作短视频作品的封面，让用户一目了然，用诱人的食物刺激用户，从而点开更多的视频，增加历史视频的播放量。

类似的小套路，也可以用在手表、美妆、宝石饰品等领域的抖音号里，封面先来一张物品的效果图，这样吸引到的用户会更精准，也能更直观地了解用户对不同内容的需求。

在封面上，除了效果图还要提炼相应内容的封面文案，对于封面来说，醒目的文字内容往往能一下子抓住用户眼球。尤其封面往往并不是全屏显示的，这就需要字体足够大，才能一下子吸引用户。

"三合一"封面

"三合一"封面最早被玩家应用于影视解说的领域，在这种封面出现之前，大部分做电影解说的抖音号，个人主页视频作品的封面都是比较凌乱、不统一的，尤其是那种一段视频时长解说不完，被分割成两段甚至三段的作品，放到主页上让人看着很难受，非常影响用户体验。而有的玩家突发奇想，开始把三个视频的封面合在一起，做得非常好看，视觉冲击力很强，简直像极了电影的宣传海报。例如抖音里粉丝突破 1000 万的"毒舌电影"，账号的主创者就一直在使用"三合一"形式的封面，让粉丝看到封面，就忍不住点击进去看看。

这种版式的封面看起来更加专业，账号的质量瞬间提升了好几个档次。这种

"三合一"的封面制作起来并不难，在网上只要搜索"抖音三合一封面"，便能够找到相关教程，因此这里不再赘述，感兴趣的读者可在网络自行查找学习。

抖音运营一点通

1. 封面尽量使用色彩色系相同的元素；

2. 重点突出，标题不要超过 30 个字！大段的文字很难吸引用户点开；

3. 标题文字一定要居中！字放得太高或者太低，都会导致封面呈现效果不好，影响用户体验。

学习并掌握 5 种定镜拍摄手法

镜头是短视频创作的基本单位，一个完整的短视频作品，是由一个又一个的镜头组合完成的，离开了独立的镜头，也就没有了所谓的短视频。在抖音平台的短视频作品中，定镜是一种最常用的拍摄方式，即在固定的框架下，长久地拍摄运动或者静态的人物或事物。

在拍摄抖音时所运用的定镜拍摄技巧中，最重要的几种拍摄手法分别是：特写镜头、远景镜头、中景镜头、近景镜头以及全景镜头。

特写镜头

特写镜头是定镜中最为重要的镜头，一般着重拍摄出镜者的面部表情或者面部特征，也会放大五官的局部进行拍摄，用意是想通过特写镜头来推动短视频剧情的发展。

由于使用特写镜头会使被摄主体进入画面的部位减少，因此拍摄者在构图时要力求画面饱满。尤其是当出镜者面部形象占据整个画面时，拍摄者必须尽量营造画面的优美意境。同时，当我们拍摄人像特写时，调动被摄主体的情绪也很重要，为了能够顺利完成拍摄，在拍摄前应与被摄主体多交流，使其达到放松的状态，而且拍摄时，要对人物进行鼓励，使其更加自信，以保证拍摄过程的愉悦、流畅。

另外，特写镜头当中存在很多有趣的玩法也需要拍摄者在实践中慢慢掌握和总结，例如特写中的过肩特写，当两人对话时，使用过肩特写可以让画面带有冲突感。

远景镜头

远景是与特写相对的景别镜头，远景镜头具有广阔的视野，常用来展示事件发生的时间、环境、规模和气氛，比如表现开阔的自然风景、拥挤的道路交通、矛盾争吵等等。远景镜头一般应用于短视频中的动作场景拍摄，能让观众看到出镜者的完整的动作以及场景。

远景画面重在渲染气氛，抒发情感。因此在远景画面的处理上，一般重在意境而不去细琢细节。在远景画面中，有时人物处于点状，因此可以不注重人物的细微动作。但却可以表现人物的情绪，因为影视画面是通过画面组接表情达意的，通过承上启下的组接可以含蓄地表达人物的内心情绪。例如，电影《泰坦尼克号》中Jack 和 rose 在船头上迎着晨曦的微光深情相拥的那个经典片段就使用了远景镜头。

在电影中，远景镜头是为了表现的景物多，因而通常来说远景镜头的时间要长些。一般不少于 8 秒，但由于热门的抖音短视频作品时长普遍在 15 秒左右，因此很多短视频的创作者主张不用或少用远景，除非拍摄的是纯风景的视频。

中景镜头

中景镜头介于特写与远景之间，可以露出一般的人物形象，画框下边卡在膝盖左右部位或场景局部的画面称为中景画面。

与全景镜头相比，中景镜头包容景物的范围有所缩小，镜头内的环境处于次要地位，重点在于表现人物的上身动作。中景画面为叙事性的景别，既可以用来表现角色性格，也可以用来烘托情感，有的时候也可以用来展现场景，让角色和场景互相衬托。因此中景镜头无论是在电影还是短视频作品中所占的比重都很大。中景镜头之所以重要，是因为它能将角色、对话、背景以及动作都塞进一个镜头里。

在"小李子"斩获奥斯卡影帝的那部《荒野猎人》里，由"小李子"所饰演的主角休·格拉斯和熊肉搏的片段里，导演和摄影师采用了大量的中景镜头，让观众能够从画面中获取真实的人物细节，同时也感受到了场景的范围和事件的危机。休·格拉斯意识到身后大熊的跑动，在他转身之时，观众们同样感受到了即将到来的危险。

毫无疑问，这是电影史上的一个经典场景，而且只有中景镜头才能做到。特写镜头无法捕捉到休·格拉斯所处的危险环境，而远景镜头又不能让其表现出休·格拉斯转头时脸上的茫然情绪，只有中景镜头能够两者兼得。

近景镜头

在摄影时，拍摄人物胸部以上，或物体的局部的画面称为近景镜头。近景的屏幕形象是近距离观察人物的体现，所以近景能清楚地看清人物的细微动作，也是人物之间进行感情交流的景别。近景着重表现人物的面部表情，传达人物的内心世界，是刻画人物性格最有力的景别。在类似谈话类的聊天节目中，拍摄主持人与嘉宾或现场观众进行情绪交流多使用近景镜头。此外，近景镜头也多运用于会议发言或者演讲。此外，在舞台剧或是情景剧中，近景镜头的使用率也非常高。例如，喜剧演员许君聪在"段子式"的抖音视频作品里就经常用到近景镜头。

全景镜头

全景镜头与远景镜头有一定程度上的类似，但二者之间又有本质的区别。一般来说，全景镜头下会呈现出大量的信息，例如镜头中人物是谁，他所处的环境和位置是在什么地方，他接下来要做什么……全景镜头可以让观众产生一定的心理压力。但在某些情景时，这种压力是必不可少的。例如很多公路电影里，导演都会选择用全景镜头来向观众展现无人区的荒凉以及主角独自一人行驶在公路上的那种孤独感。

用好全景镜头可以为你的抖音作品加分，特别在一些重要的故事环节，插入一小段全景镜头也许对你表达故事内容、吸引观众会起到很大的帮助。另外，在录制抖音视频的时候，我们也可以特意放一个适合的前景，利用这个前景去拍摄全景会有一种别样的风格。前景的选择有很多，可以是一道栅栏、也可以是一朵花瓣、一片叶子，总之，这要看自己的想法。最后，在打算加入前景时，一定要记得前景虚化，不要让前景抢了全景的风头。

以上定镜拍摄技术是我们拍摄抖音视频最基础的技术，稍加练习就能掌握。待熟练之后，我们也可以结合一些抖音上自带的特效进行拍摄，让录制出的素材更加有趣。

抖音运营一点通

了解并学会这些拍摄的专业术语是非常重要的，这可以帮助我们进行概念区分。只有彻底理解这些术语的概念，我们才能在日后的实践拍摄中学以致用。

热门短视频离不开的 8 种运镜拍摄手法

随着抖音门槛的提升，越来越多创作者开始加入原创的行列。而对于视频原创者来说，拍摄是一道必须迈过去的坎儿。很多拍摄视频的抖音新玩家可能都有这样的疑惑：别人轻轻松松就能拍出一条好看的视频，而自己辛辛苦苦却只拍出一堆废片？之所以出现这样的情况，是因为绝大多数短视频创作者没有掌握运镜的技术。

运镜，听上去似乎很高大上，但理解起来并不难，所谓运镜，最简单的解释为运动镜头，顾名思义，就是拍摄者通过运动摄影设备来拍摄动态景象。与定镜相比，运动镜头则让画面更具动感。

运镜的核心是场面调度，最基础的 8 种运镜技巧分别是推、拉、摇、移、跟、甩、低、升 / 降。我们在抖音里经常看到的短视频作品，大多数就是 8 种运镜技巧的组合。其实在普通玩家拍摄视频的时候，也会不知不觉地用到过这些运镜的技术，只不过没有很好地结合视频和剪辑将运镜的技术展示出来，那么下面，我们就帮助拍摄新手系统地了解抖音短视频经常出现的这 8 种运镜技术。

推镜头

推镜头是一个从远到近的构图变化，在被拍对象位置不变的情况下，用摄影机向前缓缓移动或急速推进的镜头。随着摄影机的前推，画面经历了由远景、全景、中景、近景、特写的完整或不完整，但必然是连缝的变化过程。推镜头可以引导观众更深刻地感受角色的内心活动，加强情绪气氛的烘托。

推镜头在拍摄中应用很广泛，使观众的视觉注意力相对集中，视觉感受得到加强，造成一种审视的状态，当我们想要突出主体人物、细节、强调整体与局部的关系、让画面有节奏等都可以用这个镜头来拍摄。

拉镜头

与推镜头相反，拉镜头是摄影机通过移动逐渐远离拍摄对象。一方面取景范围由小变大，逐渐把陪体或环境纳入画面；另一方面，被拍对象由大变小，其表情或细微动作逐渐不再能看得清晰，与观众距离也逐步加大。拉镜头能使观众视点后移，看到局部和整体之间的联系。

还记得国际功夫巨星尚格·云顿在 2013 年为某品牌汽车拍摄的那条广告吗？尚格·云顿双脚站立在两辆倒行的卡车后视镜之上，随着镜头的逐渐拉远，两辆卡车逐渐分开，而尚格·云顿则做出了史上最难的"一字马"动作。在这条广告片中，尚格·云顿在镜头中从近到远的过程就运用了拉镜头的拍摄手法。

摇镜头

摇镜头时摄影机本身不做移动，借助于活动底盘使摄影镜头上下、左右、甚至旋转拍摄方法，

摇镜头能代表人物的眼睛，看待周围的一切。当我们拍一些开阔的场面，单个静止画面不能包含所有想要拍摄的景物时就可以使用这个手法，目前很多娱乐节目或者演唱会，经常会用到摇镜头来拍摄观众席位。

移镜头

移镜头顾名思义便是要移动摄影机，它往往要借助一定的运载工具，在水平方向，按一定运动轨迹进行的运动拍摄。

移镜头类似生活中的人们边走边看的状态，在这种情况下，变化的总是被摄主体的背景。不管被摄主体是固定不动或者处于运动之中，因为镜头的移动，被摄主体的背景在连续的转换中总是变动的，充满动感。

移摄可分为前、后、横和曲线移四种，因为可以根据机位运动而改变，所以移镜头可以拍出更长、更宽、更深的画面。移动拍摄的效果是很灵活的，但弊端

是相机抖动不好控制，很多人拍出来的素材效果并不好，这时就要用到稳定器来控制相机移动和旋转。通过使用稳定器灵活运镜，不仅可达到平滑流畅的效果，更能为影片注入气氛和情绪，让镜头充满活力。

跟镜头

跟移镜头一样也是一种移动镜头，同样也需借助一定的器械，或者把摄影机扛在肩上才能完成拍摄任务。跟镜头与移镜头不同之处在于：当摄影机的拍摄方向与被摄体的运动方向一致或完全相反，且与被摄体保持等距离运动（通常情况下这样）的移动时，它才被称为跟镜头。

跟镜头始终跟随运动着的主体，有特别强的穿越空间的感觉，适宜于连续表现人物的动作、表情或细部的变化。

甩镜头

甩镜头，也即扫摇镜头，指从一个被摄体甩向另一个被摄体，表现急剧的变化，作为场景变换的手段时不露剪辑的痕迹。甩镜头常用在表现人物视线的快速移动或某种特殊视觉效果，使画面有一种突然性和爆发力。

低角度运镜

低角度运镜是通过模拟宠物视角，使镜头以低角度甚至是贴近地面角度进行拍摄，越贴近地面，所呈现的空间感则更强烈。低角度拍摄也能够更加聚焦于某一部位，最常见的莫过于腿部行走，这类镜头在许多场景下可谓屡试不爽！

升／降镜头

升／降镜头是相机借助升降装置等一边升降一边拍摄的方式，升／降运动镜头会带来画面视域的扩展和收缩，通过视点的连续变化形成了多角度、多方位的多构图效果。升镜头是指镜头向上移动形成俯视拍摄，以显示广阔的空间。而降镜头则是指镜头向下移动进行拍摄，多用于拍摄大场面，以营造气势。这种运动镜头出现在抖音作品中的频率也非常高。

对于抖音新手来说，在日常拍摄过程中，首先逐一练习 8 种基础运镜镜头，待熟练后再进行组合创作。此外，可能一些读者朋友会为自己没有专业的摄像设备而发愁。其实，对于非专业的短视频创作者来说，很多专业的摄影道具，只要突发奇想就能创造出来。例如，移镜头和跟镜头所需要的"活动底盘"，就可以用滑板、电动平衡车甚至是家中老人的轮椅作为替代。当然，边踩滑板边拍摄的读者朋友们一定要注意人身安全。

♪ 抖音运营一点通

　　所有的拍摄工作都是为了故事服务的。运镜作为摄像表达的一种手法，是视频拍摄者必须掌握的重要技能。但也别时时刻刻都想着把运镜的手法加入到作品里，切记，用错地方的运动镜头只会让你的视频减分。

别只关注剧本情节，道具布景也很重要

抖音视频的拍摄入门简单，但拔高比较困难。以音乐表演类的作品为例，一部展示才艺的优秀短视频是集编、导、音、舞、美等多方面因素集中体现的一门综合性艺术。创作者只有通过诸多辅助要素的综合体现，在规定情景中，让出镜者在舞台上塑造出完美的舞台艺术形象，达到让观众转发、点赞的目的。而舞台布景就是体现规定情景的重要手段，这项工作与服装、道具、化妆、灯光、音响效果等一起共同组成舞台的整体。若是没有舞台布景，整个舞台就失去了它的光彩。同样，在很多情景中，道具布景的作用也很重要。例如，1993 年与观众们见

面的情景喜剧《我爱我家》，这部 70 后、80 后记忆里的经典之作受人喜爱的原因有很多，而温馨精致的布景就是其中之一。

虽然那个年代的观众在看《我爱我家》的时候，并不是每个家庭里都有这么大的客厅、厨房，但由于布景的关系，很多观众都会觉得剧中的场景既熟悉又亲切，从而更容易对剧中的角色和剧情产生认同感，对发生在剧中的这一家子人身上的故事产生情感上的共鸣。

《我爱我家》中的道具布景是导演英达以及众多编剧精心策划的，画面中的布景和道具都非常符合剧中人物的性格人设，例如这部剧中的傅老爷子是一位两袖清风的退休的老干部，故而在搭建场景时，剧组人员充分考虑到了这一点，特意增加了许多可以反映出一名勤俭持家的离休老干部生活细节的道具——老旧的箱子、舍不得扔掉的旧书旧报纸、裹着浅黄色布套的旧沙发以及客厅当中挂着的"老骥伏枥，志在千里"的字画。这些道具在当时很多老干部的家中都能看到。这种道具布景的技巧在抖音视频拍摄中完全可以借鉴。

在抖音，擅长情景喜剧类的 KOL 并不少，例如粉丝量已经突破 2500 万的抖音红人"西木西木"就是这类视频的拍摄达人。他在视频中的布景就非常用心，教师、校服、老师、黑板、课桌、试卷……"西木西木"将这些道具组合交织在一起，就形成了自己特有的视频风格——校园情景喜剧。

在"西木西木"发布的作品中，场景大都以校园课堂为主，来自新疆的主人公西木和他的呆萌同学总是身着校服坐在课桌前，与扮相上十分搞笑的老师进行着一场又一场脑洞大开的趣味性对话，逗趣而又充满欢乐。除了"学生"与"老师"之间的"隔空斗法"，视频中还出现过《5 年高考，3 年模拟》"黑板报""吉他""地球仪"等很多学生时代的道具……没有细节的完美，就没有整体的辉煌。西木在很多不起眼的小道具上也耗费了很多时间，哪怕有些道具从来没有出现在特写镜头里。正是靠着细节上的精益求精，西木的校园情景喜剧才会让很多人感到有趣、温馨。

无论影视剧还是短视频，想要营造出温馨的情景，提升画面的整体品质，效果最明显的方法就是对短视频的场景进行重新布置，而非升级拍摄器材、提高拍摄技巧、熟练后期调色。在拍摄抖音视频时，若是创作者可以对场景加以布置，绝对能够显著改善短视频的质量，提升浏览量。

场景布置

在抖音，除去那些专门拍摄户外风景的玩家。几乎所有人在拍摄视频作品时都会遇到场景布景的问题：沙发看起来与周围环境不协调、桌子摆放的角度不好、花瓶里没有花……这些问题都需要自己去着手解决。在很多抖音视频里，那些让人看起来很舒服的场景其实都是被人精心布置过的。

在布景中，为了节省成本，有些贵重的物品如宝石饰品、电子产品等物品可以考虑用道具代替，但由于短视频要贴近生活化，因此也不能太假，在特写镜头下，道具太虚假极其容易穿帮。与一般影视剧相比，短视频的布景更为简单，只需要根据自身情况改变即可。

搭建背景墙

布置场景最简单最直接的方式就是搭建一面自己专属的背景墙，用来装饰这面背景墙的装饰物不需要太多，只要能够凸显质感就好。

在搭建背景墙时创作者应遵循 2 个重要的原则：

1. 所选用的道具风格要和视频整体的风格调性符合。

2. 除非为推广某款道具（商品）有意为之，否则道具的摆放位置不宜抢眼，不然就会喧宾夺主，导致观众的注意力从你的作品转移到道具上，这就背离了我们布置道具的初衷。

布光可以提升视频质量

对于短视频布景而言，布光也是一项非常关键的工作。想要精准地对场景进行布光，需要弄明白主光、辅助光、背光、侧光、实用光源等概念以及这些光的使用技巧。如果你能将这些光巧妙地加入你的作品中，你会发现剪辑成片后的作品看起来会更加有层次感。不过，这种布光技巧的提升是非常缓慢的，需要长期的摸索和试错，并且前期效果并不如变换布景的效果来得明显。

♪ **抖音运营一点通**

> 拍抖音视频，布景和道具的准备只是一方面，如何将道具自然地呈现在镜头中则需要创意和构思。

如何快速掌握一套高效拍摄流程

相信一些抖音玩家都有过这样的经历：某天晚饭时灵感突然爆发，匆忙地扒拉几口饭然后把自己关在房间熬夜写剧本，可当剧本写完好不容易找了一帮朋友拍摄时，现场却无人指挥，乱成一团。分发剧本后，几乎每个人都会提出不同的想法，这让上一秒还自诩为导演的你顿时感觉"拍戏真是太难了，早知道就不写剧本了"。如果你曾被那些"叽叽喳喳"的"加戏"言语所困扰，那么请仔细观看并理解下方的短视频拍摄流程图。

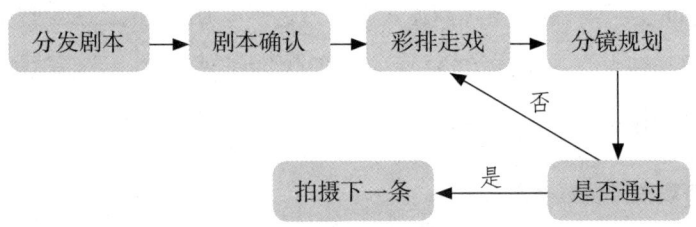

图7-1　短视频高效拍摄流程图

在我们写好剧本并找到朋友、同事出镜时，在拍摄当天或更早的时候我们应先将剧本以及台词发放给演员，让他们提前熟悉台词、道具、所饰演的人物性格等，然后向拿到剧本的人分别确认剧本是否有问题，有的话当场提出，当场解决。

解决剧本问题后快速进入彩排走戏的环节，对于绝大多数非科班出身，没有表演功底的人来说，要在镜头下独立演出实属不易。很多人会因为不好意思说台词而影响所有人的拍摄进度。因此，在正式拍摄之前，应留一些时间给朋友们调整状态。

在正式拍摄时，作为剧本创作人以及导演，我们还要与朋友及时进行交流，尤其是当你的某段台词写得过长的时候，更应该和朋友共同讨论分镜的问题——是坚持看提词板一镜到底，还是在快要忘记台词的时候停下来，用分镜的形式拍摄余下的部分。

拍摄结束后，观看视频素材，若效果令自己满意，就拍摄下一幕，否则这段戏重新拍摄，直到满意为止。最后，我们通过 PR、AE、AU 等后期剪辑软件，将杂乱无章的镜头和语音进行合成。做好相关的字幕、特效以及片头和片尾等方面的包装，确定无误之后，找一个合适的时段在抖音进行发布。

另外，与朋友一起相约拍摄抖音短视频，肯定有人会遇到天公不作美的状况，早上还晴空万里，可到了开机拍摄的时候，却忽然间阴云密布。这时是继续拍还是改日再说便成了一个难题，要说不拍吧，可大家一起都能抽出时间的机会不多，下次再有这样的机会可能需要很久，况且大家从四面八方赶过来也确实花了许多时间。可硬着头皮拍又怕拍出来的效果不好。其实，雨天拍摄也有一些独特的技巧，只要能够掌握这些技巧，你拍出的视频不仅不受影响，还能呈现出一种雨天里特有的影调和情调。

很多人或许不知道，雨天的光源来自天空的散射光，既没有像阳光下的强烈反差和阴影，也不会出现顺光拍摄时刺眼的光线，影像的色彩要比晴天时拍摄的要饱和得多。但由于雨天能见度低，景物的清晰度也大大降低，远景的色彩饱和度也会随之减淡。如果你的剧本不受外界天气和场景的影响，那么可以尝试用中景镜头和近景镜头来完成这部作品的拍摄。

如果屋外下的不是雨而是雪，那我们应开启摄影设备的曝光补偿机制，将曝光增加一档。否则，影片会出现曝光不足，从而使影片上的白雪呈现灰调，没有洁白和晶莹剔透的效果。拍摄大雪纷飞的场景最好选择中、近景，这样能够更好地表现雪花被"放大"的特点，反之，大雪会模糊景物的特征。

抖音运营一点通

俗话说"众人拾柴火焰高"，经验丰富、分工明确的团队总是能在抖音营销的发展中比个人的单打独斗发挥出更强的力量。

硬核玩家访谈：脑洞大开，趣味创意下的光与影之舞

图7-2　"轩宝爸爸"抖音主页面

在抖音上，有这样一位神奇的玩家，他能用生活中最常见的面粉、辣椒、土豆等食材，拍出堪比好莱坞式的炫目海报——土豆洗净劈成两半，按照西餐的摆盘方式摆放在面板之上。随后取出面粉过筛，将犹如长白山飞雪般的面粉均匀地撒在土豆之上，就在人们期待地认为接下来要见到什么"黑暗料理"横空出世之时，画风却突然一变，只见作者在一副白纸上作起了画，好吧，就算不是美食吃播，能够欣赏一位画师的画技，陶冶一下情操也蛮好的。可是没画几笔，就勾勒出一个小人。很多观众刚想疑惑地吐出"就这"之时，却见镜头又是一转，画好

的小人竟被裁剪下来，放在那堆面粉之上。随后一只打开手电筒功能的手机从镜头之外缓缓伸了进来，在蓝色塑料袋的衬托下，营造出一种冷色调的氛围。人们还来不及压抑之时，却见一股利用加湿器制造的水雾喷涌而出，画面定格，拍照键按下。在不少观众还愣神的时候，一副"林教头风雪山神庙"的画面就此创作完毕。视频作者以如此新奇的创意，将生活的平凡平常变成了哈利·波特的魔法课堂，令刷到他视频的抖友们大呼过瘾。

这位创作者的抖音 ID 是"轩宝爸爸"，尽管他接触抖音 App 的时间不短，但在创作端上，轩宝爸爸确确实实是一个不折不扣的"抖音新人"。轩宝爸爸姓李，现实中的工作是一个教育机构的老师，主要负责影视特效和动画制作等方面的教学工作，熟悉他的学生都习惯称呼他为"李老师"。只不过，在李老师成为抖音网红之后，那些报名网课的学生们总是在李老师的直播间里喊他为"偶像""欧巴"，颇有明星出道的架势。

对于这群爱闹的年轻学生，李老师也非常愿意融入他们之中，有时面对这样的称呼，李老师也会做出比心的手势予以回应。并在保证课程教学进度和质量的前提下，跟学生们讨论一下抖音的拍摄技巧以及一些运镜的小窍门。有同学在远程课堂的直播里询问他这样做视频是否会浪费粮食，李老师则笑着让大家放心，这些用作道具的食材，除了纸片人之外，之后的"命运"基本上都是在加工后被端上了自己的餐桌，并开玩笑说道："不信你看，我身上长的五斤肉可以为我作证。"

抛开日常的学习和工作，轩宝爸爸是个闲不住的人，他喜欢单反摄影和户外旅行，但还是喜欢摄影多一些，户外旅行则更多是为了摄影爱好采风取景，他的摄影技术在圈内小有名气，扎实的知识理论基础，配合勇于实践的执行力，使他掌握了许多拍摄技巧。因此，当他打定主意开始做抖音短视频并且付诸行动之时，他比大多数抖音新人做到了更快入门，并在很短的时间里便吸引了百万粉丝。

或许有些抖友会认为极个别的人成名是运气使然，但钱钟书早在创作《围城》时就说过这样的话："天下就没有偶然，那不过是化了妆的、戴了面具的必然。"事实的确如此，假设轩宝爸爸没有扎实的摄影基础和专业的视角及布景技术，他的"纸片人"系列作品即便拍出来恐怕也不会有现在的效果。生活中并不缺少美，只是缺少发现美的眼睛。在轩宝爸爸的眼中，即便是那些随手可见的物品，也能构建出一些令人耳目一新的华丽景象。

在创作"纸片人"系列短视频的过程中，轩宝爸爸投入时间最多的并不是拍摄和后期制作，而是对于作品主题的构思，身为 80 后的轩宝爸爸与很多中年人的成长轨迹类似，小时候没有太多娱乐活动，他和大多数人一样抱着电视打发闲暇时光。《射雕英雄传》《天龙八部》《小李飞刀》《楚留香传奇》……那些富有浪漫主义色彩的江湖侠客支撑了轩宝爸爸的童年及青春。很多印象深刻的场景即便已经过去二十多年，也依然历历在目。这些影视剧的场景令他着迷，但如何将这些元素与食材的情景结合起来，却是一个需要漫长思考的过程。一旦脑海中确定了场景，后面拍摄的过程便轻松许多。

基本上，拍摄这样一部纸片人的作品，轩宝爸爸至少需要投入 2 到 3 个小时，甚至更多。不过与抖音其他靠技术流成名的大神相比，这个速度已经算得上是"神速"了。凭借这些制作精良的作品，轩宝爸爸在引起观众关注的同时，也无意间撩动起人们对那个优秀影视作品辈出的时代的美好怀念，引发了人们心底的共鸣。

至于未来如何，轩宝爸爸表示，自己会持续创作，将心中的想要表达的东西继续通过短视频呈现给粉丝。同时，他也会投入精力去思索"纸片人 2.0"的创作和新玩法的研发，与粉丝们的"审美疲劳期"进行赛跑！

问答环节（节选）

作者：轩宝爸爸你好，很荣幸能够邀请到你接受我们的采访。我平时也刷抖音，我记得最开始在抖音上刷到你大概是在情人节前后，你制作的"辣椒侠客"的作品上了抖音官方的热门推荐。不得不说，你的短视频作品无论从创意、构思、配乐等多个方面来说都可以称得上一流。另外，你早期用半瓶红花油拍摄夕阳的视频也让很多人感慨"只要心中有海，哪里都是马尔代夫"。我们还是言归正传，正式开始采访。那么我想问的第一个问题，可能也是很多粉丝心里非常疑惑的，并且想问的问题：在你的抖音主页里，有介绍自己是一名老师，以至于很多粉丝在你的作品评论区下方留言说想要去蹭你的课，那么你在哪所学校或者机构任职？

轩宝爸爸：我是在"火星时代教育"任职，在这个教育机构已经工作十多年了，主要是教授影视动画、影视后期特效和计算机动画特效等方面的知识。

作者：请问你大学的专业学的是什么？是与影视和动画相关的专业吗？

轩宝爸爸：大学所学的专业与影视特效和动画没有太大的联系，我当时学的是平面设计，比较传统。我对影视、电影、动画这些比较感兴趣，在大学的时候自学了这方面的知识，所以毕业之后就直接从事了与电影制作和动画相关的工作。

作者：使用日常用品加纸片人，在光影的搭配下构建出极致唯美的场景，虽给人的第一印象是皮影戏，但在某种艺术表现手法上又是超脱皮影戏的表达方式。这种将传统艺术进行颠覆的创新模式，你是如何想到的呢？是创新思维激荡下的灵光乍现，还是万事俱备之后的东风徐来？

轩宝爸爸：当时想到这个创意其实挺偶然的，不过和我那段时间一直琢磨这个事儿（拍摄抖音短视频作品）也有一定的关系。因为疫情的关系，那段时间我很少出门，日常生活中我挺喜欢摄影的，所以就想着反正都是宅着，不如用手机拍点有意思的东西，在抖音里和大家分享。所以在拍摄"纸片人"之前我看了很多比较火的视频，最开始的时候我的想法是拍摄一些比较传统的东西，但是又觉得拍这些东西可能没有自己的风格，所以就想能不能将一些传统手艺与现代艺术做一个结合。然后就做了一个小的尝试，就是你们所说的"辣椒侠客"那个视频，结果一下子就火了。之后我在延续这种拍摄方式的时候也不停地在布景和道具等方面做完善，后面也就一直围绕着这个方向做成了这个系列。

作者：你的作品，从构思场景到打光，再到绘画以及摄影、后期修图等工作，都需要很多时间，我发现你虽然在2019年年初就开始发表抖音短视频了，但直到2020年年初，这期间只发了5个作品，而且多数都是和家人有关的作品。从今年2月份到现在，你总共发布了超过100个短视频作品，平均算下来几乎一天一个。这种保证视频质量前提下的"高产"是如何做到的呢？你平时是怎样管理时间的？

轩宝爸爸：接触抖音是比较早，不过我当时没有太多时间和精力来制作短视频，就是随便发点东西，算是记录生活吧。今年我们推迟了复工的时间，包括现在我们依旧在家进行远程办公，所以业余时间较之前来说多了很多，这让我可以更加专注地进行思考和创作。

拍摄、制作短视频的时间并没有太多，一般来说，如果不包括前期构思的话，仅仅是拍摄、绘画、布景等全部工作只需要三个小时左右就能完成。其实现在每天抽三个小时做短视频，对我来说还是可以的，并不影响我的生活。

我一般都是晚上吃过饭之后进行拍摄的工作，到十点多、十一点多的时候，整体的工作基本上都能做完了，剩下来只是将作品导入手机里，然后再发出去。整个流程也都是根据我个人所掌握的技术去做的，所以做起来很快。

作者：你刚刚提到，在 2019 年最开始玩抖音的时候，只是一个业余玩家，很少发布作品，那么当时你刷抖音的时间多吗？

轩宝爸爸：之前刷抖音其实挺少的，基本上隔几天才会刷一次吧，看得也多是以搞笑为主的段子。

作者：你从业余玩家晋级为"职业玩家"仅用了四个月的时间，这期间你吸粉超过 200 万，这个成绩出乎意料吗？有没有想过自己创作的"纸片人"在抖音能这么火？

轩宝爸爸：非常出乎意料，原本只是纯粹地觉得这种拍摄形式好玩，同时也想将自己的一些创意分享给大家。真的没想到会火成现在这个样子。我从一些粉丝那里也了解到，有些幼儿园和小学把我的手工作品作为课堂案例教给小孩子，来培养孩子们的创意和提高动手能力。包括有所大学也将我的作品当作课程进行讲解，我觉得作为一名从事教育行业多年的老师来说，这些让我感到欣慰。

作者：除了目前正在创作更新的"纸片人"系列作品，是否有想过创作其他形式的短视频作品，让自己的人气再上一层楼？

轩宝爸爸：是的，经常会去想作品的问题，但是到现在，我还没有想出比较好的创意点，因为我认为创意这个东西，是需要花大量时间去思考和摸索的。虽然与之前相比，这种拍摄方法已经被我完善很多了，但是还需要考虑到一个审美疲劳的问题。因为无论短视频还是一些别的领域，审美疲劳期都是很短的，我不能要求粉丝们一直喜欢我和我的作品，我只能让自己不断地在短视频的拍摄上做出更多探索。

作者：随着你在抖音上的人气越来越高，你的作品不但被越来越多的抖友们发现并点赞，很多媒体也开始联系你，想做你的采访。在粉丝、媒体等方面的注视下，说实话，你没有感到很大的压力？

轩宝爸爸：还是会有一些压力的，这个压力更多还是来源于自己。粉丝多了，也没法像之前那样随便拍拍就行，确实会有一些顾虑和偶像包袱在里面。倒不是说害怕作品质量不好受到粉丝的批评，而是说，从我个人角度来讲，我还是希望能够给粉丝们呈现出更好的作品。

作者：或许很多人并不知道，你的短视频作品不但被国际巨星威尔史密斯"翻拍点赞"，同时你还收到了对方的感谢私信，对此你有什么感想？

轩宝爸爸：无比激动，因为我很喜欢威尔史密斯，他拍的电影几乎我都看过，我算是他的"小迷弟"吧。令我没想到的是，我拍的致敬《当幸福来敲门》这部电影的纸片人作品竟然会收到对方抖音官方账号的私信感谢。我觉得特别激动，无论如何我也是无法想到自己会有这么一天，能跟威尔史密斯这种国际大腕儿有这么近距离的交流。

作者：在疫情的艰难阶段，你为广大抖音用户拍摄出许多轻松解压的作品，也算为"战役"做出了一份贡献，对于一直以来支持你作品的广大粉丝，你有什么话想对他们说？

轩宝爸爸：说实在的，真的很感谢粉丝和网友这几个月对我的支持。正是他们的点赞、评论、转发，才使我的作品在抖音上有现在的影响力和传播力，也是他们的支持，才能让我静下心来在抖音上拍摄出这么多的作品。

作者：好的，最后一个问题。抖音 App 的崛起很大程度上宣告了短视频和直播将成为新的时代风口，对于那些要想成为创作者的抖音新用户，作为一个亲身经历了从素人到名人的前辈，有没有什么经验想对抖音新玩家分享呢？

轩宝爸爸：经验的话，倒没有特别多，因为我接触抖音的时间也不长。我觉得不管是培养兴趣也好，发展副业也好，当你下定决心，打算做抖音的时候，就应该要比其他人付出更多的心思和精力。我在拍摄纸片人之前看了很多抖音上热门的视频，分析这些视频为什么能火，然后在结合自己的兴趣和擅长的技能，做一个定位。然后就是坚持，因为很多人在前期粉丝很少的时候，发的作品看的人很少，自信心受到很大打击，这些其实都是非常正常的。这个时候心里千万不要打退堂鼓，因为只要你能熬过这个阶段，并且创作的作品有一两条上了热门，你就可以收获一些粉丝了，再之后，你发布的作品就会被推送到粉丝那里，这样一点一点的，你的人气也就上去了。

敲黑板，划重点：本章重点内容回顾

打开抖音，用户可以看到，在 15 秒的短视频中，有人跳舞，有人"整活"，有人玩镜头转场，有人展现颜值，也有人负责搞笑卖萌。玩家的作品支撑着抖音这个庞大的平台，抖音官方也非常鼓励新的创作者们踊跃加入。但是要想拍摄好一个短视频，对没有基础的玩家来说并不容易，那些抖音上点赞量成千上万的作品大多都是主创者花费数个小时才拍摄出来的，有些甚至是科班出身的影视专业高才生，无论拍摄技巧还是制作技巧，都是普通玩家难以企及的。

因此，作为抖音新玩家，我们更应该在视频拍摄上下功夫，本章列举了八个视频拍摄的技巧，希望能够帮助各位想要尝试拍摄抖音的读者朋友提高拍摄理论水平，在将来的实践练习中突破自我，拍摄出更有趣的视频作品。

第 8 章

直播未来：

如何开启正确的直播方式

除了做优质内容，抖音还有别的红利渠道吗？答案是肯定的，那就是抖音直播。直播是引流和吸粉最强劲的渠道之一，作为短视频平台的领头羊，抖音在未来将会大力推进直播板块的发展，为加入直播的个人及团体提供更大的发展机遇。

抖音直播的前景与开通方式

网络直播，对于很多经常上网的读者朋友而言并不陌生。这是一个比短视频更早在我国发展起来的互联网新兴行业，早在 2017 年，我国的网络直播用户规模就已经突破 4 亿。许多大型网络游戏营运方纷纷举办线下比赛，并全程进行电竞赛事直播，这极大地推动了网络直播在中国的发展。随后，以淘宝为首的各大电商平台也开始在直播领域大展拳脚，为直播这场燎原之火推波助澜。

在这场针对直播行业市场份额的争夺战中，抖音虽然在 2017 年 10 月末发行的 1.6.0 版本中就加入了直播功能，但在后续的发展中，面对斗鱼、虎牙、战旗等稳坐江山的老牌直播平台的竞争，并没有取得太多优势。

尤其在抖音直播发展之初，要想开播需要很高的门槛，那就是只有粉丝数量达到 5 万或以上的短视频达人才有申请开播的权限和资格。尽管当时抖音官方为了安抚普通用户而做出回应："直播功能测试期间能开直播的用户有限，是根据之前站内表现综合考量的，粉丝数量不是唯一标准。"但在之后直播功能的优化中，抖音官方运营团队开出的玩家开播条件却依旧以玩家的粉丝数量为主要衡量条件。这是抖音的战略，与早期便向所有玩家开放直播权限的快手不同，抖音走的则是一条打造精品直播，提高主播准入门槛，主打优质直播内容的道路。

抖音的战略有利有弊，好处是优质的直播内容可以增强品牌的口碑，培育粉丝经济，实现二次引流。但缺点也显而易见，正是抖音早期设定开播门槛的做法，使抖音在 2018、2019 两年的时间里失去了发展先机，就连与抖音同一时期进入直播领域的快手，在直播市场的收入都能稳压抖音一头，而这还是在快手月度活跃用户比抖音少了一亿的前提下。

那么想要在抖音开通直播权限，究竟要多高的门槛？这个问题几乎在抖音开放直播权限之初，就成了抖音用户热烈讨论的问题。网上对于粉丝数量的要求也是人云亦云，有人说 5 万，有人说 2 万，有人说 1 万。其实这些说法都对，因为抖音在不同阶段对于开直播粉丝数量的要求也在不断做调整，最初的时候开直播确实需要 5 万粉丝，只不过现在这个标准已经降低，低到什么程度呢？现在，只要用户完成实名认证，即可开通直播权限，即使你的抖音账号的粉丝数量为 0。这项打破门槛的变动是抖音在 2019 年 11 月的一次版本更新中悄悄加入的，甚至没有出现在更新公告上，致使许多抖音用户直到现在都不清楚开启直播权限已经不需要粉丝了。

抖音官方团队对待直播领域的暧昧态度令很多抖音用户感到无比迷惑，抖音官方的种种举动是否显得太过"儿戏"；相比于其他直播平台，抖音直播真的有前景吗？这要从两方面进行分析，除去罗永浩这个与抖音签约的特例不算，抖音并不是一个纯粹的直播平台，就目前而言，在抖音＋直播的用户获利的方式都是依靠观众赠送虚拟礼物，然后进行折现；或者通过直播间卖货，合作的商家根据卖货的收入进行返点。但这些盈利模式都与抖音官方无关，无论这个直播间一场直播下来能收入多少礼物，卖出多少件商品，抖音平台都不会给予直播的用户更多的奖励或者补助，换而言之，抖音目前还不会给谁发放工资。这种"无底薪"模式让一些想入驻抖音做全职直播的用户望而却步，但"无底薪"同时也意味着"无合约"，这彻底打破了老牌直播平台签约主播单平台直播的壁垒，让许多热衷于短视频的玩家可以在今后进行双平台甚至多平台直播，不再受到某个直播平台合同的束缚，更不用害怕违反合同后被索赔；并且从长远的角度看，多平台直播的收益肯定要比单平台直播更高，用户吸引粉丝的数量也会更多，这也是抖音无合约直播的优势之一。

♪ 抖音运营一点通

> 抖音的直播也是能够给视频带来流量的，当你在发布视频后打开直播，这时也会有额外的流量扶持，所以抖音视频和直播是一个相辅相成的关系，视频在增长播放量的时候能够给直播间带来流量，而直播间开启也会为视频带来额外流量。

直播前期准备：从硬件到软件

用户想在抖音上进行直播，应在开播前做好相应的准备，包括电子硬件的升级和直播软件的熟练使用。我们先从室内直播的硬件开始介绍。

高性能电脑

早在短视频及直播等互联网行业兴起之前，电脑就已经走进了千家万户，成了人们工作、学习、休闲娱乐必不可少的电子设备。电脑在全世界范围内的普及程度虽然高，但这并不表示所有的电脑都可以用来直播。就像所有软件都会公布的"要求最低配置"一样，做直播同样也需要电脑配置，如果电脑配置太低，就会造成直播画面卡顿、模糊不清等观众体验感极差的一系列问题。如何判断一台电脑的主机是否适合直播，最简单的判断方法就是这台电脑目前能否"带得动"特效全开的大型游戏，例如《绝地求生》《逆水寒》等。如果这些比较"吃配置"的大型游戏都能运行得非常流畅，那么几乎可以百分之百断定，这台主机以及所连光纤网络都是合适开直播的。

摄像头

当下，越来越多的俊男靓女投身到主播的行业，对于颜值主播来说，好的形象能够吸引更多的粉丝。因此，很多人在摄像头的选择上都比较舍得砸下大价钱，毕竟一款性能良好的美颜摄像头，可以大大提高直播效果。

摄像头的主要参数为 fps，当 fps 不低于 30，直播的时候几乎就不会出现卡顿现象。另外，就是摄像头的像素可以适当选择得高一些，不过需要注意的是，高像素摄像头对宽带也有更高的要求。因此，在选择摄像头的时候，除了价格因素，我们也要将网速考虑进去。

专业声卡

在直播所能用到的设备中，摄像头和麦都可以与所有电脑兼容通用，但声卡是个例外，声卡分内置声卡和外置声卡。

内置声卡只能用在台式电脑上，且电脑主板必须有空置的 PCI 插槽；而外置声卡主要用在笔记本上，也可以用在台式机上，通过 USB 插口接入。好的声卡品牌有很多，其价位也是从几百元到几千元不等。什么样的声卡才是适合自己的，这要根据自己的预算和现实情况来定。至于内置声卡和外置声卡哪个效果更好？这也是无法用三言两句就能讲清的，简单来说，声卡的效果好不好主要还是要靠用户调试。通常来说，内置声卡相对稳定一些，但很多主播更喜欢用外置声卡，主要原因是外置声卡拆卸方便，即使是不懂电脑的小白也能轻松搞定。

电容麦

电容麦也被称为电容话筒，很多主播之所以青睐电容麦是由于电容麦的音质和灵敏度都要优于动圈话筒。尤其是唱歌类的主播，更加适合电容麦，因为电容话筒能录下更多的泛音元素以及更多细节，非常适合在室内无杂音的环境下使用，相比摄像头和专业声卡来说，电容麦的价格更低一些。基本上 100~200 元就能购置一款新手入门级的电容麦。聊天型或者收入不高的主播，买这种麦克风一般也就够用了。如果是唱歌主播或者收入高的大主播，那可以买配置高的麦克风，毕竟一分钱一分货，高档的电容麦在录歌时音效会更好。

直播设备三大件——摄像头、专业声卡、电容麦。这三种设备中，摄像头最为重要，投资上可不要太过于节约。一般来说，对于下定决心想要做抖音直播的玩家来说，这一套设备购买下来，花上个几百上千还是值得投入的；如果目前手头比较紧，也不用灰心，我们也可以暂时先选择用手机进行直播，虽然画质、音效稍差，但至少不需要购买摄像头，而电容麦和独立声卡则可以选购入门级新手套装，两者加在一起，有的网店起价也只有一百五十元而已。

其他设备

灯光：灯光种类太多，主要介绍摄影灯、天使环形灯和小灯泡。摄影灯这种灯光打在主播脸上最柔和，效果最好，但价格稍贵；相比摄影灯，天使环形灯更适合从未打过光的新手，而且天使环形灯的功能也很强大，既有均匀面光效果，还能调节色温和亮度；小灯泡则是性价比很高的灯光，十几块钱就能买到，调节好亮度和角度，效果不一定比贵的灯效果差。

手机、麦克风支架，也许很多人没有使用过麦克风支架，但一款实用的手机支架，其好处不必多说，释放双手的同时也足够稳定。

监听耳机，长时间直播除了腰酸背痛，就是长时间戴耳机导致的耳甲腔受挤压而难受，因此选一款好耳机是很有必要的。

背景布、贴纸：可根据自己的喜好进行选择。

以上是室内直播所需的硬件，那么户外直播需要哪些硬件呢？其实单从设备上来说，做户外也并非我们想的那么难，如果你对直播的内容和质量要求不高的话，那么普通的手机或平板电脑都能够满足直播要求。稍微专业点的可以在户外直播时背上专业的摄像机和DV，当然做户外直播专业的设备一般耗电量较高，因此在设备的投入上，更关键的是保证足够电量能够进行长时间的录制，除此之外，我们还需要以下几种设备：

大王卡：一般做户外直播，我们需要手头备一张超大流量卡，如果做大型直播的话，可以配上多路汇集编码器等。

手机三脚架：在长时间拍摄某个场景的情况下，三脚架显然会比稳定器更加好用。

在软件的选择上，不同内容的直播则需要应用不同的第三方软件。其中包括但不限于直播美颜软件、录屏软件、手机投屏软件、OBS 推流软件、安卓模拟器。玩家在直播时并不一定需要用到全部软件，只要能满足自己直播即可。以手游直播为例，为了方便与弹幕进行交流以及切换歌曲等功能，目前很多手游主播都会在电脑端进行手机游戏的直播，具体操作并不难，只需要在电脑和手机同时下载投屏软件即可。根据软件上的提示进行操作，连接完成之后，系统就会把手机屏幕投影到电脑上，十分简单。

抖音运营一点通

工欲善其事，必先利其器。直播前一定要做好充分准备。

直播内容定位：与你发布的短视频内容保持垂直

在前文中，我们已经重点讲述了垂直的定义以及一直保持垂直的优势。同样，当我们进入直播领域时，也要考虑结合自己已有的短视频人设进行直播内容定位，尽量与短视频的内容保持垂直。

抖音直播与老牌直播平台有很大的差异性，其中最大的不同之处在于，抖音是主打短视频的平台，更多时候，观众是否愿意在某个主播的直播间停留，与这位主播之前所发布的短视频内容有很大关联。举个例子，如果一位抖音玩家一直在做吃播的短视频，那么关注他的用户大多也都是"吃货"，或者说至少是热爱美食的，那么这时这位玩家如果在短视频的基础上开通了直播，并且直播的内容与美食有关，自然会有粉丝前往直播间捧场。可如果这位抖音玩家在直播时，"任性"地做起了其他领域的内容，恐怕多数喜欢美食的粉丝是不会买账的。

这是十分浅显的道理，但却有很多玩家对此视而不见，导致他们在开播的时候便输在了起跑线上，结果直播间人气逐渐流失，自己也越播越感到迷茫。对于一个互联网从业者而言，用户定位是一个老生常谈的话题，但真正懂用户的却寥寥无几。懂用户的核心只有一点，那就是百分之百地站在用户的角度去考虑，从对方的角度出发，毕竟绝大多数用户都只会对自己关心的事情感兴趣。这就是为什么吃播领域的玩家在直播时转去别的领域，直播间的人气很难聚起来的原因。在丢弃了一票对吃播、美食感兴趣的粉丝后，这位玩家直播间的流量与一个刚进入抖音的新玩家无异。

在直播行业，所有的同行都是潜在竞争对手，如果在开启直播间之前你已经通过短视频吸引了一定数量的粉丝，就要想办法将这些粉丝带进自己的直播间。每个玩家要清楚自己的优势是什么，如何做才能最大程度借势、造势乃至乘势。

很多抖音用户无聊时也会去一些自己没关注的主播直播间里看直播，在直播内容大同小异的时候，拼的就是人气，谁的直播间人气更旺，谁就更能留住这些在各个直播间闲逛的用户。当然，做垂直也不需要刻意生硬死板，并不是说你做音乐类的短视频，直播时就只能唱歌、跳舞。直播与短视频不同，中间需要与发送弹幕的粉丝进行互动，尤其是当有人在直播间里送出贵重礼物的时候，我们一定要及时致谢，这些与观众互动的内容也是直播的一部分。

♪ 抖音运营一点通

直播和短视频同样是视频类内容输出，区别在于直播持续性长、具有实时互动性，短视频互动性较差。两者虽然产出内容的形式不同，但消费群体大体相同，因此，在内容的选择上我们要尽量保持一致。

直播没人看怎么办？如何积累人气

抖音巨大的流量池，使直播充满了无限的机遇，但机遇多并不代表每个用户都能抓住。抖音直播的方向可以粗略地划分成三大类，第一种是集音乐、游戏、读书、美食、户外等领域的泛娱乐类；第二种是瑜伽、摄影、美妆等内容的技能教学类；最后一种则是电商带货直播类。这三大直播方向，无论做好哪一类，都能让你在未来的直播行业里赚得盆满钵满，数钱数到手抽筋。

相信很多读者已经加入了直播大军之中，但靠着直播赚到第一桶金的读者恐怕寥若晨星。这并不奇怪，直播与短视频尽管有相似的地方，但说到底这毕竟是两个不同的行业。直播可以与观众进行实时互动，因此直播时的节目效果非常重要；而短视频比较精华，舍去了很多累赘的内容，二者相比较之下，做直播的难度会更大。举一个最简单的例子，提起"LOL小智"这个名字，很多曾经玩过英雄联盟这款游戏的老玩家都不会陌生，他曾是英雄联盟比赛视频解说的一哥，由他录制出品的"小智解说"系列作品登上过所有国内游戏网站的首页，视频播放量高到令英雄联盟的其他游戏解说"嫉妒羡慕恨"，在小智人气最巅峰的时期，英雄联盟其他的解说加起来的热度恐怕都没有他一个人高。然而就是这样一位视频解说作品极受欢迎的游戏解说，在最初踏入直播行业时也被很多观众吐槽过其直播效果不如视频解说作品有意思。一个从事视频行业多年，拥有丰富视频创作经验的大神刚接触直播行业尚且如此，更何况是刚刚进入短视频行业的新手？

新人做短视频要想在短期内盈利不易，想要在没有任何资源的情况下在直播的道路上站稳脚跟更是难上加难。很多人花钱购买设备，消耗许多时间和精力，可到头来直播间里观看的观众只有个位数，粉丝更是不见增长。作为一名主播，如何在前期引流？以下三点一定要做好：

1. 做好播前计划

直播效果的好坏在于主播是否具备操纵运营能力，这种能力的建立和养成并非朝夕养成。作为新人主播，在我们还不具备这种控场的能力时，我们可以在每场直播开始前，做一份直播流程计划。看过电影《大赢家》的朋友都知道，电影里主人公严谨之所以能够获得演习的胜利，靠的便是手里那本记录着周全计划和流程的笔记。

做好播前计划可以让我们直播的过程条理清晰，不同环节之间衔接得更为紧密，减少冷场的时间，加快直播节奏。当我们能够做好这一切时，我们的直播效果自然会有提升。

不同的领域拥有不一样的直播计划，但通常来讲一份标准的播前计划至少包括主题、时间节点、活动环节、粉丝互动和答疑解惑。一个好的直播计划，能为主播带来效率的同时吸引更多粉丝。

2. 提升运营能力

做一场直播很容易，然而想要做好一场直播却很难，这需要主播具有极强的运营能力。无论是抖音还是其他直播平台，我们都可以清楚地看到：同样是刚开播几个月的新主播，有的主播依靠自己的超强口才已经月入过万，而有的主播在直播时经常走神儿，导致直播间频频冷场，只能在温饱线上徘徊挣扎。

直播过程中的运营主要包括三个方面：

第一，主播自身需要有很强的抗压能力。很多新人主播在刚开播时，想必最头疼的便是引流，毕竟长期只有几十名用户观看的主播，是很难做到直播行业的头部。新主播在刚开播时，可以利用自己的人脉给自己找一批刷观看的用户，可以是家人、朋友、同学……用递增的方式给自己刷一段时间观看，持续二至四周，基本都能吸引一批新粉丝。

第二，运营需要有策划能力。主播要学会切割自己的直播时间，比如一场游戏直播预计播 3 小时，那可以切割成三块，第一个小时怎么安排，第二个小时怎么安排，最好是细分到前 20 分钟怎么安排，比如刚开始 20 分钟，主播自我介绍自己是什么类型的主播，每天会在什么时间段开播，这能让看到直播回放录像的用户了解主播的动态和内容。然后和老铁粉互动，聊聊游戏最近的更新，职业、技能的改动，游戏商城里又推出了什么道具，道具效果如何等等。

第三，运营要有转粉能力。主播想要留住粉丝，就必须依赖一些方式或者方法，可以是话术，也可以是一些粉丝看得见的实惠。例如，一个带货的主播可以通过给粉丝打折的方式吸引用户的关注。

无论是秀场直播、户外直播、游戏直播还是电商直播，主播是决定直播间人气高低的最重要因素。2020年5月1日晚8点，全球跨境奢侈品电商平台万里目在其抖音官方账号进行了直播带货首秀，品牌代言人贾乃亮作为首场开播明星。这场直播持续了4个小时，累计观看人数突破2211万人，销售总额超过3250万元，刷新了万里目上线一个多月以来的单日最高GMV（成交总额）记录。而这还是贾乃亮第一次在抖音开直播带货，尽管刚开场时有些怯场，可随着推荐的产品越来越多，贾乃亮也逐渐进入了状态，最终的直播效果完全不输其他头部主播，甚至他还超越了部分头部主播。

在直播时，主播与观众进行互动是一件非常重要的事。做直播本身就是一个推销自己的过程，如果你能在每天的直播中将进入直播间的一部分观众发展成自己的忠实粉丝，那你的运营能力就算是过关了。

3. 坚持播后复盘

当我们与观众进行告别，关闭直播间后，即便再累，我们也应该坚持完成复盘工作——观看、分析自己直播时的数据，这其中包括用户活跃度、直播间转粉率、直播数据分析等等。在复盘的过程中，我们要将直播间的转粉率、老粉丝的活跃度等各项直播数据与自己的平均数据做对比，并找出数据背后所传达的信息。

复盘工作一定要在直播结束时第一时间进行，以免拖得时间太久遗忘重要细节。我们都知道流量的本质就是人气，而人气却并不一定都是流量，因为从严格意义上来说，无法转化为粉丝的用户都不叫流量。

引流在日常生活中无处不在，例如运行电脑时经常出现的弹窗广告、抖音首页上的直通车广告、电线杆上的小广告都是人们用来引流的一种方式。在抖音开通直播也是如此，直播这种行为本身就是引流，而那些愿意进入直播间看你直播的用户都是被你吸引的精准流量，只有想办法尽自己最大努力去维系粉丝，才能在直播间积累大量人气。

相声演员郭德纲曾在很多地方强调过一句话："艺人拼到最后拼的是文化！"这里的"文化"并不是指学历和学问，而是要有深厚的文化底蕴和对行业的热爱。抖音直播是风口无疑，也是普通人和中小企业逆袭的绝佳时机，但绝对不是任何人都能盲目跟风带货暴富，更不是直播睡觉躺赚。做抖音直播，我们应该拿出尽心的态度，既然想将抖音直播作为实现自己人生价值的舞台，就要做到精益求精，一丝不苟地对待直播这件事，把最热情的一面展现给直播间里的观众。

♪ 抖音运营一点通

想成为网红，就必须借助更有真实感的动态直播，让粉丝看到更真实的自我，进行深层次的交流，如直接语音对话、弹幕实时互动等，从而实现"零距离"的接触。

弹幕互动：让你瞬间拉近与粉丝间的关系

众所周知，直播最吸引用户的地方，是可以与通过弹幕与主播进行实时互动。在直播行业出现之前，用户在观看某个视频后想要与其他人互动是依靠评论完成的，这种信息传递的效率不高，可能很久才能得到回复，甚至是永远都得不到回复。不过，弹幕功能的流行，则极大地改善了这种情况。

弹幕功能最初源自日本动画网站，后来被国内的 A 站（AcFun）和 B 站引进使用，随后被各大直播平台发扬光大。相比于传统的视频评论区评论留言，直播间里漫天的弹幕可以满足用户更多的需求：

满足用户吐槽需求：对主播的造型或者直播时出现的失误进行吐槽。

满足用户分享需求：比如发现了主播在直播时出现了亮点，利用弹幕将这条信息传递出去，可以满足用户的成就感。

满足用户实时意见发表：对主播在直播中发表的意见，无论赞同或者反对都可以实时发布在弹幕中。

满足用户对其他弹幕的意见表现：可以对其他弹幕观点表达赞成或反对。

满足用户刷屏的需求：一部分用户为了寻找"存在感"进行刷屏行为。

在抖音直播加入弹幕功能之前，弹幕文化就已在其他行业和领域发展多年，很多互联网用户已经十分了解弹幕的玩法。尤其是常年混迹于 A 站、B 站的用户，面对那一屏快速划动的字幕表情，不仅不会关闭弹幕，有时还会加入"弹幕大军"之中。更有甚者，不看弹幕就看不进去视频的内容。

弹幕是在视频播放过程中产生的，是实时的情感，更多地反映了用户当时的感性情感。尤其是到了直播时代，弹幕让主播和观众的距离更进一步。主播随时都能通过屏幕看到观众发来的弹幕，并选择与其中有意思的内容进行互动，这种跨越屏幕的交流可以很快打破主播与观众之间的陌生感，快速建立联系。

弹幕文化从起步发展到现在，它的影响力无疑在不断变大。它代表了某种程度的交流，代表人们对于自身思想和情感的诉求和表达，不容忽视。它也是一种交流的共同语言，代表着某种心照不宣。直播间的弹幕功能不仅为粉丝提供了即时反馈，好的弹幕还会使主播内容得到升华，从而得到快速传播。

当然，作为主播，我们也要对弹幕的内容进行必要的管控。

首先，在弹幕中总是有人挑起"引战"的话题，例如我们常见的踩一捧一就是这样，这些人在看直播时会故意找茬儿，评价主播哪里做得不好，然后末了说一句自己还是喜欢 ××（另外一个主播的名字），这些人并不一定是 ×× 雇来的水军，但直播行业就是如此，爱带节奏、引战的"键盘侠"比比皆是，作为主播我们在遇到这种"键盘侠"时一定要调整好自己的心态。

其次，弹幕剧透，导致其他观众十分反感。这种情况多发生在"主机区"的主播身上，这些主播多数时间的直播内容都是单机游戏，有些单机游戏是附带剧情的，一些提早体验过并且通关的玩家在看主播玩这款游戏时，总爱"指点江山"，想要强行教主播玩游戏，一些脾气好的主播或许会听从观众的建议，用观众给出的攻略通关，但更多观众则对这种玩法或者剧情的透露十分反感，因而在遇到这种剧透弹幕情况时，主播应及时引导弹幕走向，岔开话题，避免更多的剧透内容出现在直播间。

第三，黑粉弹幕，黑粉是指恶意挑拨主播或主播粉丝之间关系的人，可能很多读者认为只有明星才有黑粉，事实上，很多主播也有自己的黑粉。这些黑粉在主播开播时也会涌入直播间，然后找准主播直播失误的时机，在弹幕上疯狂攻击主播。面对无端嘲讽甚至辱骂的弹幕时，为了直播间的良好氛围以及其他观众的感官体验，作为主播，应该挺身而出，利用"禁言"的权限制止这些恶意破坏和谐气氛的人。

在包括抖音在内的绝大多数直播平台，主播都能设立"房管"，相比于普通观众，房管拥有更多的权限。例如"禁言"、开设"竞猜"或者"投票"，房管的职能就是管理直播间的正常运作，也就是所谓的"控场"，遇到那些在直播间里乱带节奏、骂人的黑粉，房管可以直接将其"禁言"。

一个主播想获得更多关注，除了自身素质、才能过硬，直播间的管理也很重要，除了要学会弹幕互动、连麦、开竞猜等功能和玩法外，还要能播出自己的风格。虽然直播比短视频在互动性上已经提升了一个维度，但由于弹幕互动模式单一的限制，致使许多观众过了发送弹幕的新鲜感后，就不再主动发言。"潜水"时间一长，就会消耗主播和观众之间的联系，容易乏味。因此，主播要学会寻找有趣话题，引导观众进行发言，像朋友聊天一样取得粉丝和观众的好感，让这些人对自己产生兴趣和依附感。

♪抖音运营一点通

> 互动源于交流，没有交流的互动就像没有灯油的灯，无论怎么点都不会亮，弹幕功能给了我们认识粉丝的机会，作为主播，我们应当主动把握。

新主播不冷场的六个技巧

很多新主播在直播事业刚开始的时候，面对摄像头和直播间里少则三五个，多则几十个的观众往往不知道该说什么，也不知道该做什么，大脑一片空白，需要很长的时间才能适应。正式进入直播状态，这种状况会导致一些潜在用户群体的流失。那么作为主播，我们应该如何做才能克服内心的羞涩，Hold住场面呢？

1．保持微笑

很多刚接触直播的抖音玩家经常会由于紧张或者其他原因导致面部表情僵硬、生理化颤抖、说话不自然甚至根本说不出一个字。这些行为是新人主播人气上不去的关键原因之一。直播间是主播和观众沟通互动的桥梁，如果主播自身无法克服恐惧，实时调动现场气氛，做到一对多交流，那么这个直播间的人气永远不可能有大的涨幅。

在直播初期，当我们的身体不由自主地出现颤抖时，可以通过微笑、卖萌使自己镇定下来，不要小看笑容的作用，在社交中，笑容可以拉近双方的关系，使对方更容易对你产生好感。

2. 多说客套话

如果你是一个新人主播，每次开播的时候直播间的观众只有个位数，那么，你可以在每个观众进入直播间的时候道一声欢迎。当有观众赠送虚拟礼物时，无论礼物折现的价值是多少，你都要一视同仁，向赠送礼物的观众表达感谢。让粉丝感受到主播的诚意与热情，并有意愿继续互动。如果你在某次直播时，超过一两个小时没有观众赠送礼物，也不要直接索要礼物，这是一种很让人反感的行为。

3. 在直播时穿插一些幽默段子

所有的新主播在开播时人气都不会很高，且愿意主动与主播交流的观众很少，可一旦有互动的机会，主播就一定要抓住，争取让互动的观众变成你的粉丝。在没有弹幕互动的时候，主播可以讲几个幽默的小故事或者脑筋急转弯，如果你经常看直播的话，就会发现其实有很多新主播都喜欢对着电脑屏幕读笑话，虽然这种形式略显生硬，但也不失为一种办法。更好的方法是，平时在脑海里多积累一些故事，在直播时可以随口说出来，如果段子的内容能与时下的热门话题相结合就再好不过了。

4. 多聊一些自己的经历

正如前两年流行的一句网络语"我有故事，你有酒吗"？很多人都喜欢听故事，尤其是真实的经历。当主播实在找不到什么话题的时候，也可以多说一些有关自己的事情，哪怕只是日常生活中随处可见的小事，比如今天的天气如何，午饭吃的什么，味道如何，再比如最近被哪家网红餐厅种草，一直想去吃却又舍不得。言语间透露一种想吃又吃不起的无奈，这时能听懂暗示并且觉得你直播有趣的用户就有可能对你进行打赏。

5. 练就"自言自语"的本领

"自言自语"是新主播必须熟练掌握的一项技能，既然直播间冷清，那么你就得负责带动直播间的气氛，这时就需要主播展现"自言自语"的功力了。自言自语可以在一定程度上有效缓解孤单和压力，由喜剧大师罗温·艾金森主演的《憨豆先生》中罗温·艾金森就是经常对着自己的玩具泰迪熊自言自语。而在主播的生活中，新主播往往会因为人气少心生挫败，导致孤独，甚至自闭。为了调节、改善这种负面心理，主播可以用自言自语的形式来缓解自己的情绪。

6. 掌握交流尺度

在与粉丝团互动时，可以表现得更加热情，但一定要注意的是，尽量不要透露太多有关个人的隐私，比如身份信息、家庭住址，如果有粉丝想送零食、玩偶等礼品的话，可以让对方将物品邮寄到公司附近的快递驿站或者自提箱自取。

另外，对于新观众，也要把握好一个交流的度，不能为了老粉丝而冷落新观众，忽略他们的感受。如果你一直固定和几个人聊天，对新观众不理不睬，这些人肯定会很快离开直播间。

抖音运营一点通

没有观众喜欢一成不变的主播。因此，作为主播要善于推陈出新，创造新的流行玩法，树立起自己的直播风格，并沿着自己的思路坚持做下去。

做直播，是否应该加入"公会"

对于想在抖音开通直播间的新主播来说，连直播间的一些规则还没有完全弄懂，想必更不了解"公会"是一个什么性质的组织，也不知道自己是否应该加入"公会"。在魔兽世界、地下城与勇士、冒险岛、逆水寒等大型网游游戏中都有"公会"的设定，只不过因游戏背景设定不同，"公会"有时也会被称为"行会""家族""战队"等，但它们的性质都是一样的，所有的游戏公会都是以玩游戏为主要目的所聚集起来的玩家群体。

有在游戏中加入过公会的读者朋友一定清楚，一个好的公会对于"萌新"有怎样的帮助——接到某个任务却找不到 NPC、游戏角色的天赋树不知怎样加点、到了一定的等级装备应该去哪里打……将这些问题发送到公会聊天频道后，总有公会其他成员在第一时间帮你解答，让"萌新"省去了不少麻烦。

而在抖音，以上的便利在主播加入直播公会后也能轻松得到——比如主播个人的形象、穿搭、直播设备、语言氛围、直播内容设计、直播间设计、活动策划等问题也可以在公会里得到资深主播的解答，当然，前提是你有幸能加入一个和谐友爱的公会。一个好的直播公会可以帮助新主播迅速提高直播技巧和了解直播中的注意事项，如何更快吸引粉丝等，但与游戏公会不同的是，直播公会的根本目的是盈利，公会和主播的关系就像是明星和经纪公司的关系，公会会为主播提供宣传、公关、签约谈判等服务，然后从主播所得的收益中抽取一部分提成作为回报。

在抖音，这种直播公会很多，且公会的管理水平参差不齐，个别公会甚至打着孵化网红的旗号招摇撞骗，在与主播签约时不仅收取高额"培训费"和"造型费"，还在合约上对主播进行最大程度上的压榨，并且将签约主播"放养"，任其自生自灭，导致很多自身条件不错的主播最终放弃了直播这条道路。因此，在新主播寻找公会的时候，一定要擦亮双眼，对那些表面上说得天花乱坠，实则拿不出一份有保障的合约的公会提高警惕。

另外，一些公会的套路很深，例如早就在网上曝出的骗术——"零首付整容"，这些自称公会管理者的人在和主播联系的时候会不断暗示或明说公会可以帮助主播申请贷款做整容手术，整容后公会会投入一部分资源帮助该主播进行宣传，将其捧红。成为网红后，整容的费用很快就会回本。末了，这些经纪人还会在后面加上一句"我们只是给你提意见，最后还得你自己决定"。但在经纪人巧舌如簧的忽悠下，难免有人动心，脑子一热，就答应对方提出的贷款整容的方案。

结果贷了款，做了微整容手术后，公会就随便找个借口单方面毁约，或者经纪人就此"消失"，而自己还要慢慢去还整容的贷款。殊不知对方所谓的公会其实是高利贷公司，并且提前和整形医院谈好了返点。

如果你在成为主播之前利用短视频聚集了一些人气，在开播时就比很多新人拥有更多人气，那么这时的你基本都会被公会盯上，他们会主动派人和你谈合作，谈签约。作为成年人，我们要有独立判断的能力，无论对方说得多么好听，都不要轻信，而是花些时间去了解对方公司的规模以及口碑，弄清对方是否在骗你，然后再做决定。

在直播公会发展日趋成熟的今天，新主播想要打破直播间人气冷清的僵局，与公会之间展开深度合作，共同探讨何种直播内容和风格在适合自身的同时还能吸引粉丝的关注是一个比较好的选择。只有慢慢学习、积累，我们才能跨越大海，仰望星辰。

抖音运营一点通

优质的公会不是只想着赚主播的服务费提成，而是能把所有主播的后路想好，相当于做一个大的投资公司，旗下的主播能通过知名度及个人能力获得更大发展。

硬核玩家访谈：太极之美，一人之力扇动抖音"武术风"

图8-1　"Biky梁壁荧"抖音主页面

在 2015 年的羊年央视春晚上，吴京、张震这两位功夫明星联袂表演了融合武术、舞蹈等多种元素的节目《江山如画》。演出开始之初，张震弹奏着古琴，在他身后，四位身着白衣的少女在高台翩然舞剑，身姿曼妙。随着音乐的变化起伏，她们的动作时而轻快，时而凌厉，灵动飘逸，让人眼花缭乱，印象深刻。而在这四位白衣少女中，年龄最小的女孩名叫梁壁荧，登上羊年春晚舞台的那一年，她只有 17 岁。

梁壁荧出生于举世闻名的"武术之乡"广东佛山，8 岁时通过兴趣班接触到武术，从此，她的命运便与武术紧紧地联系在了一起。在梁壁荧最初练习太极拳的时候，曾接受过太极大师梁小葵女士的指导，梁小葵年轻的时候曾获得过太极拳、太极剑项目的全国武术比赛冠军，从广东武术队退役后，开始担任顺德区业余体校的武术教练。在梁教练见到梁壁荧的时候，她就意识到，梁壁荧是棵练武的好苗子，要是培育得好，梁壁荧未来在太极拳的项目上很可能取得不俗的成绩。在梁教练的悉心教导下，梁壁荧开始正式学习太极拳，练习不到一年时间，她便在佛山市运动会中获得乙组竞技太极拳冠军，随后被选入佛山市体校进行学习。

2011 年，年仅 13 岁的梁壁荧被著名太极拳运动员、时任广东武术队教练的王二平招收到广东队。三年后，王二平担任广东省武术运动管理中心主任，安排梁壁荧进入太极一组，由陈伟杰教练负责日常训练。可以说，梁壁荧在学习太极拳的道路上是幸运的，每个阶段都遇到了好教练。

接触太极拳越深入，梁壁荧对太极拳的兴趣越浓厚。梁壁荧在练习太极拳之余，还对其拳理、武德、文化都进行过深入学习，她经常翻看以前的录像和资料，了解太极拳的起源、演变，熟悉竞技套路的编创、修订。在十年的磨炼中，梁壁荧逐渐形成了属于自己的太极拳的独特风格。梁壁荧喜欢启蒙教练梁小葵的轻灵稳定、延绵悠长，喜欢师姐崔文娟的动静有序、松活弹抖，在吸收了她们各自的优点后，活泼好动的梁壁荧在行拳风格上更增加了几分灵活轻巧，潇洒飘逸。

如今，梁壁荧已经取得多个比赛的太极拳项目冠军，并且成功登上万众瞩目的春晚，虽是配角，但能与两位功夫明星同台演绎，也让这个从小痴迷武术的女孩激动好久。春晚舞台上的梁壁荧，有一种超越年龄的自信，明艳动人。她的动作爆发力十足，在她娇小的身体下，涌动着无法隐藏的霸气，而舞台之下的她，则喜欢撸猫、绘画、摄影、美妆这些安静的事物，有一种邻家少女的清新洒脱。

2018 年 2 月，梁壁荧开通了抖音，她给自己取名"太极少女梁壁荧"，开始在平台发布短视频作品。与很多专职从事短视频行业的创作者不同，抖音对于梁壁荧更多是一种"日志"的存在，她的作品里记录了自己的一些生活趣事以及一些训练和比赛的画面。

梁壁荧更新抖音作品的速度不快，身为运动员，她几乎将自己所有的时间都投入到了训练之中。她的生活很有规律，她很满足现在训练场、宿舍、饭堂三点一线的生活。或者说，这种自律习惯早已成为了她生活的一部分。正因如此，刷抖音便成了梁壁荧缓解紧张情绪和状态的武器。而随着她对抖音短视频的逐渐了解，在朋友的鼓励下，她也陆续发表了自己创作的作品，从一个观众的身份转变成了抖音玩家。

梁壁荧结合自身的优势以及爱好，发布了许多练习太极拳的视频，极大的点燃了抖音用户的武术热情。越来越多年轻人不只是被梁壁荧短视频中的武术招式吸引，也被她拼搏的武术精神感染，粉丝们通过梁壁荧这样的武术 KOL，了解到一个"更立体"的武术运动员，也对武术文化有了更多认识。

2019 年，第十五届世界武术锦标赛举办前夕，梁壁荧还在抖音上发布了一段武术招数舞视频，向所有热爱武术的人发起"武出你的招数"话题。视频配合音乐节奏和搞怪表演，将武术"深入浅出"的呈现给观众，即使用户没有任何武术基础，也可以跟着梁壁荧一起武动乾坤。

如今，梁壁荧在抖音的粉丝数量已经近百万，成了抖音武术领域最火的网红之一，但她并没有丢掉习武的初衷，也没有在巨大的流量冲击下迷失本心，而是依旧将更多时间和精力放在训练上，为下一次比赛积极做准备。对于这个 95 后的女生来说，抖音或许只是前进道路上的温馨驿站，短暂停歇后，她会继续勇敢前行。

习武修心，道阻且长，只有专注内心，方能身心合一。梁壁荧虽离真正的太极宗师尚有一定距离，但在教练的悉心教导下，相信她也早已明白"百炼成钢"的道理，今时今日挥洒的血泪与汗水必将在未来职业生涯的重要转折点化为机遇。能够在名声中继续向前，才是年少成名带来的真正意义。无论是世界冠军的荣耀，还是抖音网红，梁壁荧都能以一颗平常心从容面对，对于一个 22 岁的女生来说相当不易。机会总是留给有准备的人，而在下一次机遇来临之前，这个英姿飒爽的太极少女，已然做足了十二分的准备。

问答环节（节选）

作者：你好，璧荧。感谢你能在繁忙的训练期抽出时间接受我们的采访。首先恭喜你获得第十五届世界武术锦标赛女子太极拳项目的金牌。赛前有感到紧张吗？

梁璧荧：其实是有一点小紧张，因为这是我第一次参加成年组的比赛，也是第一次在成年组的国际赛事上展露自己。其实很多选手都有夺冠的实力，赛前真的说不好谁赢谁输。

作者：像你参加这样的比赛，赛前应该会有一段时间的备战期吧？

梁璧荧：是的，会有相应的集训，集训期间的生活很规律，几乎每天都是三点一线，就是吃饭、睡觉、训练。

作者：你练习太极拳多久了？对于太极这项传统武术，你是如何理解的？

梁璧荧：我从8岁开始接触太极，学习太极有十多年了。最开始接触太极的时候不太能接受太极拳的节奏，但随着年龄的增长和时间的流逝，太极拳不断地给我惊喜，刚柔并济、缠绵流长、动静相随。感觉对太极拳有了一些理解后就会从太极中获得崭新的收获。历史悠久的太极深不见底，我还没有悟清楚，以后还需要努力不停地去探究。

作者：训练之余，你有什么爱好吗？

梁璧荧：听音乐，看武打电影，再就是玩手机，刷刷微博和抖音什么的。偶尔也会拍一些视频传到网上。

作者：你在抖音已经有近100万的粉丝了，绝大多数作品都是与武术和太极有关，当时是怎么想到拍这些视频的？

梁璧荧：开始接触抖音是想通过这个平台发一些关于自己或者武术、太极等有趣的东西，算是给自己的成长做一份记录。没想到，会有这么多人关注和喜欢，也算是意外的惊喜吧，很感谢大家。

作者：很多抖音用户在你作品的评论区里经常为"太极如何练习"的问题争论不休，作为太极拳项目的新科冠军，能否对初学者传授一下练习太极拳的技巧或者经验？

梁壁荧：我觉得练习太极拳最重要的是悟性，要清楚自己的长处，并努力将这种长处发挥出来，这样才能形成自己的特点。教练要求我们每天训练时都要练习传统太极拳，要从传统武术的沃土中吸收养分，竞技太极拳才能够更有活力，拥有更旺盛的生命力。

作者：除了在抖音拍摄短视频外，我看到你最近也拍摄了第一个 Vlog 作品，未来有往影视圈发展的打算吗？

梁壁荧：暂时没有这个打算，拍摄这些作品是业余的一个爱好，希望在展示中华武术的魅力的同时，可以让更多人加入习武的行列，共同弘扬中华传统武术文化。

作者：不少粉丝都是从"异域风情，摇摆至上"的那期短视频作品开始关注的你，那么生活中你也会经常情不自禁地跳舞吗？

梁壁荧：其实那并不是我的 style，平时的我可是一个喜欢安静的乖宝宝。

作者：对于长久以来支持你、陪伴你的粉丝，你有没有什么特别想说的话要跟他们说？

梁壁荧：感谢大家对壁荧的支持，也希望你们可以继续关注我的作品，不要取关哦。

敲黑板，划重点：本章重点内容回顾

2020 年，注定是不平凡的一年。在新型冠状肺炎病毒的阴霾之下，人们开始了"自我隔离"的生活，间接促成了自媒体、直播等互联网行业的迅速发展。不仅是个人将娱乐方式转向了线上，就连很多企业也开始转型在线办公，在线直播开会，很多学校也开展了网课直播教学。很多之前不看直播甚至不知道直播为何物的互联网用户，开始接触直播并喜欢上这项事物，这些人当中，一些寻觅到商机的人更是"全副武装"，跃跃欲试。他们在各大电商平台购置各种直播设备，即使之前没有直播经验，仅凭一腔热情便试图在直播行业闯出一片天地。这种初生牛犊不怕虎的气势固然勇气可嘉，可如果没有相应的技巧，根本无法在直播的浪潮中独占鳌头。本章从分析抖音直播前景开始，逐步介绍了直播所需硬件、直播内容定位、如何积累直播间人气等内容。

在抖音，做直播只是一种积累粉丝的方法和手段，在直播过程中，如何让更多人喜欢自己才是重中之重。很多新主播经常犯的一个错误就是在开播初期没有弄清自己的定位，其实，无论主播还是网红，从本质上讲都是演员的一种，不管新主播尝试何种直播内容，都需要拥有表演的欲望和天赋。在镜头之下，主播呈现的是另一种人设，这是成为一名演员的基本条件。想摆脱新主播的身份，扣上"大主播"的帽子，这是一个漫长的过程，需要新主播通过长年累月的坚持和积累，只有不断挖掘、留住更多的粉丝，新主播才能在直播的道路上站稳脚跟。

附录

抖音短视频发展简史

抖音，是一款音乐创意短视频社交软件，由今日头条孵化。该软件于 2016 年 9 月上线，是一个专注年轻人音乐短视频分享的社区平台。用户可以通过这款软件选择歌曲，拍摄 15 秒的音乐短视频，形成自己的作品并发布。

抖音的目标用户为年轻用户，其产品形态是音乐短视频，其愿景是打造音乐社区。

抖音广告语

让崇拜从这里开始（2016 年 9 月—2018 年 3 月）

记录美好生活（2018 年 3 月—至今）

短视频竞争格局

过去三年，短视频行业迎来井喷式爆发增长，互联网行业各大巨头纷纷涌入，各类短视频 App 如雨后春笋般出现。其中，今日头条旗下三款产品——抖音，火山小视频，西瓜视频，占据了大部分市场。而今日头条的对手也是群雄林立，重量级对手有腾讯重金投资的快手以及自运营的微视，微博名下的酷燃，网易推出的波波视频。

互联网巨头如此频繁的大动作无一不是在告诉大众——短视频行业是互联网领域的又一个风口。可以推测，在未来几年内，随着5G智能手机和网络的普及，短视频行业的竞争将更加激烈。

抖音发展历程

在短视频行业飞速发展的过程中，抖音可谓是一匹黑马，从众多选手中冲出重围。从2016年9月上线，2017年8月海外版"TikTok"上线，到2017年11月今日头条收购Musical.ly，再到如今App store中免费应用总榜排行前十，摄像录影类排行前五，抖音经历了从打磨产品到积累用户以致最后的厚积薄发。

抖音最初上线的半年时间内，其App研发团队重心是打磨产品，不断优化产品性能和体验，并初步寻求市场。例如增加各种后期特效、滤镜、贴纸和有趣的拍摄手法，不断提升音质和画质，使视频加载和播放更流畅，视频拍摄更简单更有趣味。

在抖音上线初期，有几件较为重要的事情值得人们关注：

1. 功能增加：查找通讯录好友，邀请QQ，微博好友。这是抖音推出的第一个拉新动作，推动用户自传播，并且该功能的入口比较浅，可以算是优先级较高的功能。

2. 更改产品名称：对于目前使用抖音的用户来说，可能有超过99%的人并不知道，在2016年抖音第一个版本上线的时候，它的名字并不叫"抖音"，而是叫作"A.me"。直到正式上线三个月之后的12月22日，"A.me"在发布V1.2.2版本时，才正式将App的名字改成国人更容易理解的"抖音"。"A.me"改为"抖音"，这是运营团队根据市场定位做的初步调整，让用户对产品有更清晰的认知，更贴合目标用户的特点，利于品牌扩散。

3. 营销事件：抖音App燃爆市场的导火索事件发生在2017年3月13日，当时获得过东方卫视第二季《欢乐喜剧人》总决赛冠军的相声演员岳云鹏在微博转发了一条模仿自己的视频，在这个视频下方抖音的logo闪闪发亮，引起广大粉丝的热烈讨论和关注，抖音这才第一次大范围地进入用户的视野中，从而有了第一次的快速增长。

而在岳云鹏帮助抖音冷启动之后的一个月，著名歌手胡彦斌携手单曲《没有选择》进入抖音。此后，更多的明星入驻抖音并为其引来越来越多的关注。

随后的一段时间成了抖音用户量呈爆炸式增长的重要时期，此阶段重在运营推广，积累用户量，全面布局抖音市场。在开拓市场期间，抖音团队仍然在不遗余力地提高产品性能，打造更酷帅的视频玩法，更流畅的用户体验。例如新增各种 3D 抖动水印效果，3D 贴纸和酷炫道具，不断提升美颜、滤镜效果，帮用户呈现更完美的作品；开创抖音故事、音乐画笔、染发效果和 360 度全景视频，加入AR 相机等更多有趣玩法，让用户能够创作出更趣味的作品。

2017 年 11 月 10 日，今日头条完成对短视频 App Musical.ly 的收购，并将其与抖音合并。由此，席卷海外平台的 Musical.ly 与风靡国内的抖音二者强强联合，在短视频行业海外领域开拓出了更大的席位。

拥有今日头条在战略上的"保驾护航"，抖音的影响力越来越大，"陈赫""迪丽热巴""邓紫棋""杨紫""许君聪"等人们耳熟能详的名人入驻，为抖音带来巨大流量，同时也令抖音在短视频领域的竞争中脱颖而出，其用户量在接连不断的热点事件中持续攀升，下载量最终超过快手，成了 App store 摄影类 App 榜首。

抖音能够从默默无闻到冲出行业众多竞争对手的围堵，与其运营团队前期用踏实的态度打磨产品具有很大关系，在产品未成熟之前不盲目拉新，这点尤为可贵。如今，已经成为行业领头羊的抖音想要实现可持续发展，就必须做很多工作。其中最重要的一点是保证大量的优质短视频更新，对于抖音平台来说，培养新生优质用户需要时间和成本，同时如何鼓励平台普通用户创造精良作品也是增加用户黏性的关键。

2020 年，5G 商用为众多互联网企业开启了一扇新的发展之门，也为抖音等短视频平台提供了更好的发展机遇。

抖音发展大事件

2016 年 9 月，抖音短视频 1.0.0 版本正式与用户见面啦！

2017 年 8 月，抖音短视频日均播放量超过 10 亿！

2018 年 1 月，抖音短视频日活跃用户数量超过 3000 万！

2018 年 7 月，抖音短视频月活跃用户数突破 5 亿！

2019 年 3 月，抖音短视频日活跃用户数突破 2 亿！

2020 年 1 月，抖音短视频日活跃用户数突破 4 亿！

品牌荣誉

2019 年 12 月 12 日，《汇桔网·2019 胡润品牌榜》发布，抖音以 500 亿元品牌价值排名第 36；"2019 胡润最具价值民营品牌"第 16 位，上榜 2019 影视传媒品牌价值全国排名第 1。

2019 年 12 月 12 日，《汇桔网·2019 胡润品牌榜》发布，抖音以 285% 的涨幅比例上榜十大增长领先品牌，获得了第 2 名的好成绩。

2019 年 12 月 15 日，抖音获 2019 中国品牌强国盛典十大年度新锐品牌。